2022年度辽宁省社会科学规划基金一般项目"辽宁省完善以管资
研究"（L22BGL049）阶段性成果

健全以管资本为主的
国资监管体制重点任务研究

马大明 张欣 胡润波 ■ 著

知识产权出版社
全国百佳图书出版单位
——北京——

图书在版编目（CIP）数据

健全以管资本为主的国资监管体制重点任务研究/马大明，张欣，胡润波著.
北京：知识产权出版社，2024.10. —ISBN 978-7-5130-9578-5

Ⅰ．F123.7

中国国家版本馆 CIP 数据核字第 2024U9U504 号

中国大连高级经理学院学术著作出版资助项目

责任编辑：杨　易　　　　　　　责任校对：谷　洋
封面设计：商　宓　　　　　　　责任印制：孙婷婷

健全以管资本为主的国资监管体制重点任务研究

马大明　张　欣　胡润波　著

出版发行：知识产权出版社 有限责任公司		网　　址：http：//www.ipph.cn	
社　　址：北京市海淀区气象路 50 号院		邮　　编：100081	
责编电话：010-82000860 转 8789		责编邮箱：35589131@qq.com	
发行电话：010-82000860 转 8101/8102		发行传真：010-82000893/82005070/82000270	
印　　刷：北京建宏印刷有限公司		经　　销：新华书店、各大网上书店及相关专业书店	
开　　本：720mm×1000mm　1/16		印　　张：8.75	
版　　次：2024 年 10 月第 1 版		印　　次：2024 年 10 月第 1 次印刷	
字　　数：114 千字		定　　价：59.00 元	

ISBN 978-7-5130-9578-5

PREFACE 》》》》》》

前　言

　　"管资本为主"加强国有资产监管是以习近平同志为核心的党中央立足国民经济和社会发展全局对国资国企事业作出的重大部署，是对国资委系统"十四五"时期的重要工作要求。2013年11月，党的十八届三中全会上提出这一要求。2015年8月印发的《中共中央 国务院关于深化国有企业改革的指导意见》（中发〔2015〕22号）对此提出一系列具体要求。2019年11月，《关于印发〈国务院国资委关于以管资本为主加快国有资产监管职能转变的实施意见〉的通知》（国资发法规〔2019〕114号）要求，国资委系统从监管理念、监管重点、监管方式、监管导向等方面作出全方位、根本性转变，使之形成一个可操作的工作体系。2020年10月，党的十九届五中全会要求"健全管资本为主的国有资产监管体制"。2022年10月，党的二十大要求"深化国资国企改革"，也涵盖了这一要求。

　　我们须站在国家战略高度全面领会以管资本为主的国资监管体制的内涵，更有效地推动国有经济服从服务国家重大战略需要，提升核心竞争力、增强核心功能。本书研究切入点为国资监管机构按照"管资本为主"的要求全面履行职责。基于国资国企改革已取得成果、当前面临的新形势新任务，以及未来推动国有经济更有效发挥战略支撑作用为立足点，在深刻理解"管资本为主"丰富内涵的基础上，解析完善"管资本为主"国资监管体制的重点任务，进一步提出政策建议。

　　本书以"管资本为主"为主线，突出了专业化、体系化、法治化、高效化"四化监管"优势特长。其中，第一章、第三章至第六章由马大明撰写，第二章第一节至第三节由张欣撰写，第二章第四节由胡润波撰写。我们以此为全书基本结构，从更充分发挥优势的角度研判重点任务。我们认为，专业化监管发挥效力的前提是"政企分开""政资分开"，由国资委专业地监管国有资产；体系化监管的重点任务是树立国资监管"全国一盘棋"的思维，加大指导监督工作力度，增进各地横向沟通协作，进一步形成国资监管系统合力，推动共性问题解决；法治化监管的重点任务是夯实监管的合法性、合规性，不断健全国资监管法规制度体系和工作体系，深化被监管企业法治建设，在法治轨道上推进监管体系和能力现代化；强化国资监管的有效性，在"管事"层面上强调推动科技创新工作，在"管人"层面上要求更好地激励和教育国有企业领导干部。

　　健全以管资本为主的国有资产监管体制，是国资系统的重点任务，也是一片正在被探索的研究领域。囿于我们的理论素养和实践经验，书中难免存在不当、疏漏之处。我们热忱希望广大读者提出意见和建议，共同为国资国企高质量发展贡献力量。

作者

2024 年 8 月

CONTENTS >>>>>>>

目　录

第一章 〉〉〉〉〉〉

"管资本为主"相关理论研究

健全以管资本为主的国资监管体制属于国家治理结构中的顶层设计范畴，内容十分丰富，我们必须深刻理解其中深刻的理论内涵。因此，我们必须深入学习贯彻落实习近平总书记关于发展国有经济的重要论述精神，吸收借鉴国内外专家学者的研究成果，夯实以管资本为主的国资监管体制的理论根基。

第一节 习近平总书记关于发展国有经济的论述

党的十八大以来，习近平总书记就发展国有经济发表一系列重要讲话，作出重要指示批示，为国有经济发展引领航向、提供科学指引。我们进行国资监管体制的研究，必须以此作为根本理论依据，不断从中汲取养分从而快速发展，持续对标对表确保理论研究方向正确。国资委党委及主要领导同志推动全系统深入学习贯彻习近平总书记关于发展国有经济的重要论述，并进行了系统性归纳梳理。根据相关精神，我们将习近平总书记关于发展国有经济论述的理论框架总结如图1.1所示。

习近平总书记关于发展国有经济的论述形成了一个结构完整、条理清晰、逻辑完备的理论体系，内容十分丰富，这里用"四个总"简要概括其中心思想。其中，"总任务"着眼于企业的微观视角，强调从提高企业核心竞争力和增强核心功能两个途径

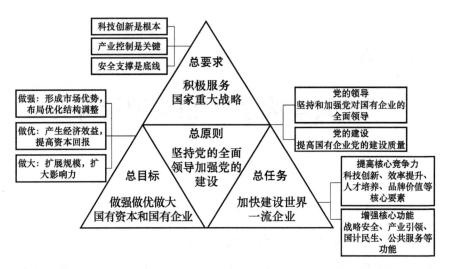

图1.1 习近平总书记关于发展国有经济论述的理论框架

着手加快建设世界一流企业，补短板、强弱项、固底板、扬优势，进而实现企业高质量发展；"总目标"聚焦整个国资国企系统的中观层面，强调通过做强做优做大国有资本和国有企业发展壮大国有经济，夯实中国特色社会主义的重要物质基础和政治基础；"总要求"放眼经济社会宏观全局，强调国资国企通过发挥科技创新、产业控制、安全支撑"三个作用"服务国家重大战略，真正成为堪当时代重任的大国重器、强国基石；"总原则"是做好国资国企各项工作的基本保障，总目标、总任务、总要求的实现归根到底必须依靠坚持党的全面领导，这也是近年来国资国企改革发展取得巨大成就的基本经验。

国资国企工作的总目标要求，不仅要做强做优做大国有资本，也要做强做优做大国有企业。马克思认为，所有制不仅是生产资料归谁所有的问题，而且是生产资料的所有者与使用者之间的经济关系。企业是劳动者与生产资料相结合的载体，是构成一定所有制经济关系的基本单元，如果没有各种形式的国家出资企业，就没有真正意义上的国有资本和国有经济。党的十九届五中全会首次提出"做强做优做大国有资本和国有企业",从夯实物质基础和政治基础（"两个基础"）的战略高度对国资国企工作作出重大部署。党的二十大重申这一表述，充分彰显了党中央坚定搞好国有企业、发展壮大国有经济的战略定力。我们既要把握好国有资本和国有企业的有机统一，又要把握好"做强""做优""做大"的有机统一。当前形势下，国有企业"做强"就是靠技术创新形成市场优势，"做优"就是靠管理将竞争力变成经济效益，"做大"重点是靠商业模式创新扩展规模由此进一步放大经济效益。国有资本"做强"就是通过布局优化结构调整使国有资本更加集中高效，即更多向关系国家安全、国民经济命脉、国计民生的重要行业和关键领域、重点基础设施集中，聚焦前瞻性战略性新兴产业和关键核心技术的"卡脖子"环节；"做优"就是提高资本回报，即通过专业化管理与市场化运营，加大力度处置低效无效资产，坚决防止国有资产流失，促进保值增值；"做大"就是不断扩大规模和影响力，不仅要增大自身规模，在关键领域保持控制力与主导地位，更要发挥好示范、引领、带动作用。新时代新征程，国资国企既要坚定不移地做大，更要意志坚定地做强做优，筑牢中国特色社会主义的重要物质基础和政治基础。

加快建设世界一流企业是国资国企工作的总任务。要完成这个光荣而艰巨的任务，需要"用好两个途径"，即聚焦提高企业核心竞争力和增强核心功能。在 2022 年中央经济工作会议上，习近平总书记作出重要部署，强调以提高核心竞争力和增强核心功能为重点，谋划新一轮国有企业改革深化提升行动，为持续推进国有经济高质量发展定向领航。提高核心竞争力是国有企业成为世界一流企业的根本之道。党的二十大对国有企业明确提出这一要求。2023 年 7 月，习近平总书记在中央政治局会议上再次强调"切实提高国有企业核心竞争力"。所谓"核心竞争力"是指企业所具有的独特技术或能力，它经得起时间的考验，具有延展性，并且是竞争对手难以模仿的。这种核心竞争力可以帮助企业在激烈的市场竞争中脱颖而出，获得更大的竞争优势。习近平总书记在 2022 年 12 月中央经济工作会议上一针见血地指出："我国经营性国有资产规模大，一些企业资产收益率不高、创新能力不足，同国有资本和国有企业做强做优做大、发挥国有经济战略支撑作用的要求不相适应。"这就要求国有企业必须聚焦科技创新、效率提升、人才培养、品牌价值等核心要素，主动对标世界一流企业，加快塑造独特竞争优势，成为名副其实、当之无愧的大国重器。增强核心功能是国资国企担负新使命新任务的必然要求。党的十八届三中全会、十九届五中全会先后提出发挥国有经济的主导作用、战略支撑作用。习近平总书记在中央全面深化改革委员会第十六次会议上，围绕国有经济布局优化和结构调整，提出"聚焦战略安全、产业引领、国计民生、公共服务等功能"。在此基础上，习近平总书记在 2022 年中央经济工作会议上进一步将"增强核心功能"作为新一轮国企改革深化提升行动的重点，并作出重要战略部署。我们要深刻理解和把握习近平总书记关于增强核心功能的要求，在国有企业层面重点关注主业发展，国有经济层面重点关注对行业产业的影响力控制力，坚决贯彻落实习近平总书记于 2023 年 4 月在二十届中央全面深化改革委员会第一次会议上的指示要求，"深化国有企业改革，着力补短板、强弱项、固底板、扬优势"，更好发挥国有经济整体功能作用。

积极服务国家重大战略是国资国企工作的总要求。具体而言，就是要"发挥三个作用"，即切实发挥在建设现代化产业体系、构建新发展格局中的科技创新、产业控制、安全支撑作用。关于国有经济的地位作用，党的十八届三中全会强调增强国有经济"三个力"，即活力、控制力、影响力。具体表述此后几经调整，直至党的十九届四中全会提出新的"五个力"，即竞争力、创新力、控制力、影响力、抗风险能力。2023 年年初，习近平总书记进一步作出发挥"三个作用"的重要批示。从"三个力""五个力"再到"三个作用",对新时代国有经济地位作用的认识逐渐深化。"三个作用"之间相互贯通、互为支撑。科技创新是根本,决定着产业控制和安全支撑作用的发挥。习近平总书记高度重视科技创新,特别强调企业的创新主体地位。根据不完全统计,从党的十八大至2024年5月底,习近平总书记在国内考察了94家国有企业,其中在42家都谈到了"创新"。2023年以来,习近平总书记先后在广汽埃安、中国电科产业基础研究院、南瑞集团等国有企业考察调研,反复强调加强关键核心技术自主研发,勉励科研人员攻关高精尖技术,打造更多科技自立自强的大国重器。产业控制是关键,主要体现在前瞻性战略性新兴产业发展、支撑带动产业链畅通循环、优化产业链布局等方面。党的二十大围绕建设现代化产业体系作出战略部署,习近平总书记于2023年1月在二十届中央政治局第二次集体学习时,提出"坚持创新链、产业链、人才链一体部署,推动深度融合""推动短板产业补链、优势产业延链,传统产业升链、新兴产业建链"的要求。2023年7月,习近平总书记在中央政治局会议上进一步作出"加快培育壮大战略性新兴产业、打造更多支柱产业"等指示要求。安全支撑是底线,就是要在国防安全、粮食安全、能源安全、资源安全、产业安全等方面发挥兜底托底作用。习近平总书记在2023年春节前夕视频连线中石油塔里木油田干部职工、2023年7月考察南瑞集团等多个场合强调国家能源安全等"国之大者",称中央企业为能源保供的"顶梁柱",给予充分肯定。国资国企要牢记总书记的殷殷嘱托,勇作原始创新和核心技术的需求提出者、创新组织者、技术供给者、市场应用者,加快打造现代产业链链长,进一步发挥对产业链建设的主体支撑和融通带动作用,提升国家战略安全保障能力,真正成为堪当时代重任的大国重器、强国基石。

坚持党的全面领导是国资国企工作的总原则。习近平总书记强调，坚持党的领导、加强党的建设，是我国国有企业的光荣传统，是国有企业的"根"和"魂"，是我国国有企业的独特优势。党的二十大对于坚定不移全面从严治党、深入推进新时代党的建设新的伟大工程作出重大部署，强调"推进国有企业、金融企业在完善公司治理中加强党的领导"，党的二十大通过的《中国共产党章程（修正案）》进一步完善了国有企业党委（党组）加强党组织自身建设的职责任务。国资国企要深入贯彻党的二十大决策部署，持续深化贯彻落实习近平总书记在全国国有企业党的建设工作会议上的重要讲话精神，坚持与中国特色现代企业制度相衔接、与企业改革发展中心任务相适应，加快建设新时代中央企业党建工作新格局，以高质量党建引领保障国有企业高质量发展。

新时代孕育新思想，新思想反映新时代，习近平总书记关于发展国有经济的论述蕴含了国资国企深层次理论问题。梳理研究这些重要论述，有助于我们坚持不懈地用党的创新理论武装国资国企并指导实践，更快更好地健全以管资本为主的国资监管体制。

第二节　国内外相关文献综述

国有经济是中国共产党带领全国人民推进中国式现代化、探索人类文明新形态的重要支撑。一直以来，国有企业为推动我国经济社会发展、科技进步、国防建设、民生改善等作出了重要历史性贡献。站在当前关键历史节点，如何推动其发挥更大作用，关系到推进强国建设、民族复兴。国资监管体制可视为国有经济的"操作系统"，推动一个个国有企业充分发挥作用。我们的文献梳理也将从整个国有经济发展着眼。

李政（2020）认为，70年来国有经济作为党执政的重要基础的制度功能始终如一，而政策功能和战略功能却在不断发生演变，为"中国奇迹"作出了巨大贡献。盛毅（2021）认为，我国国有经济使命已经历了由商品生产的提供者向国民经济主导者的转变，目前正在向国家安全保障者角色过渡。黄群慧等（2022）系统总结了中国国有企业改革发展历程和成就，认为中国国有经济具有体现公有制主体地位、培育市场主体等有别于国外国有企业的功能。李曦辉等（2023）将国有经济发展分为起步、改革与发展以及深化改革与高质量发展三个阶段，对依靠党的全面领导的制度优势做强做优做大国有经济进行经验总结。王思霓等（2023）从产业链角度将国有经济发展分为国营企业诞生与建立独立自主的工业体系、国有企业改革与深度融入全球产业链、国有企业新定位与增强产业链核心竞争力等三个阶段，认为我国产业链发展进程体现了社会主义基本经济制度优越性。上述研究的共同结论是，国有经济在新中国发展史中发挥了不可替代的作用，此后对国民经济整体的影响仍然是关键性甚至决定性的。

国内学者从三个方面对以管资本为主的国资监管体制进行了研究。一是国家治理的角度。以管资本为主的国有资产管理体制改革既涉及行政体制改革和政府机构改革，也涉及利益调整和权利重新分配（王秀国等，2017；项安波，2018）。楼继伟（2016）认为，现行国有资产管理体制难以实现"管资本"为主的目标要求。国资委行使监管权主要是对出资人的监管，而出资人的股东权能要下放到下一个层级的各种管理公司、投资公司、控股公司、资产经营公司，由这些公司来行使具体的出资人职责，进而形成"统一监管、出资多元"的新型国资监管体制（刘纪鹏，2009；刘纪鹏等，2013）。张喜亮等（2014）认为，虚化或弱化国资监管机构，会导致政府职能部门多头共同监管的体制，是不可取的。二是国资委职能的角度。郝鹏（2019）指出，从管企业向管资本的转变，是全方位的、深层次的、根本性的，在监管定位和理念、对象和重点、途径和方式、导向和效果上，要求国资委进行一系列系统而深刻的改革，切实增强国资监管的系统性、针对性、有效性。要科学界定国有资产出资人监管的边界，建立监管权力清单和责任清单，使监管更具针对性、有效性、系统性（张毅，2015；王倩倩，2018）。国资委以管资本为主的职能转变的条件下，国家审计机关和国资委要明确各自的国有企业监管职责权限，充分发挥二者的协同作用（郭檬楠等，2019）。三是深化"两类公司"改革的角度。国有资本投资、运营公司（"两类公司"）在以管资本为主的三层委托—代理关系中发挥着核心作用，在运行与治理上应该处理好三方面的关系，即与国资委之间的关系、内部的法人治理结构设计及相互间的制衡关系、与所出资企业之间的关系（袁东明等，2015；王曙光等，2017）。在国有产权代理链条上，"两类公司"介于政府与市场之间的"隔离层"，要服务国家战略，发挥资本投资运作功能，投资方向应体现和符合国家意志，与国家利益保持一致（白英姿，2014；闫妍等，2015；楚序平等，2017）。"两类公司"改革逻辑要沿着"放得活""管得好""推得动""接得住"展开，加大授权放权力度、优化管控机制、分类分批联动、强化公司治理是改革的四大关键点（张宁等，2021）。

国外学者对国资监管问题也有深入研究。学者们对德国、英国、美国、俄罗斯等国的国资管理体制进行了详细的梳理介绍（Dickinson，2009；Siqueira et al.，2009；Milhaupt et al.，2017）。一些学者对新加坡的三层监管架构和淡马锡模式非常关注，认为其成功的关键在于它外部与新加坡政府保持距离，内部具有完善的法人治理结构和合理的监督制衡机制（Chen，2014；Chen et al.，2019；Fan et al.，2021）。还有学者提炼了各国成功经验中的共性，如政府要让国有资产管理公司来进行市场化的操作，国有资产管理公司必须有明确的授权范围，独立、专业地进行资产管理，并接受政府的经营业绩考核（Dónal et al.，2020）；国资管理体制改革要处理好国有企业多重目标间的冲突，化解经济目标与社会目标之间的冲突，并增强国有资本作为政策工具的效果和作用（Kong et al.，2019）；在国有资产管理体制改革中，政府在放松对国有企业直接管理的同时，应该加强对国有企业特殊规制的建设（Kurniawanto，2021）；政府必须提高公司治理水平并加强对企业管理层的监督，并明确地向社会发出信号，表明行使国有企业出资人职能的部口和负责市场监管的部口是严格分离的（Birger，2021）。

以管资本为主的国资监管体制本质上是国家治理体系的一部分，但对其研究决不能囿于顶层架构的权责分配，还必须找出功能层面更加科学高效的工作路径，特别是找准抓实其中重点任务。通过更好地完成这些任务的"经济基础"，不断完善体制这一"上层建筑"，并由此与顶层设计意图更好地契合。

第三节 "管资本为主"的内涵辨析

从学理层面看，习近平总书记在多个场合强调学习马克思主义政治经济学基本原理和方法论的重要性，指出这有利于我们提高驾驭社会主义市场经济的能力，更好地回答我国经济发展的理论和实践问题。《资本论》作为马克思主义最厚重、最丰富的著作，系统阐释了资本的本质和逻辑，对于我们深刻理解"什么是资本""如何管资本"，准确把握管资本的基本原则、体系建设、监管导向等问题具有重要启示。所以我们有必要从《资本论》关于资本的本质和逻辑的基本观点出发，正本清源、厘清误区，并据此提出相应的思考与建议。对于形成以管资本为主的国有资产监管体制，国内学者进行了大量研究，但主流思路仍以委托代理理论、产权理论等西方经济学理论为基础。对此我们要明确，中国特色社会主义必须坚持以马克思主义理论为指导。2015年11月，习近平总书记在十八届中央政治局第二十八次集体学习时指出："有些人认为，马克思主义政治经济学过时了，《资本论》过时了。这个论断是武断的，也是错误的。"2021年7月，习近平总书记在庆祝中国共产党成立100周年大会上进一步指出："中国共产党为什么能，中国特色社会主义为什么好，归根到底是因为马克思主义行！"因此，研究"管资本"必须从《资本论》入手，追根溯源，科学把握资本的本质和逻辑。

首先，资本不是物，而是一定历史社会形态的生产关系。研究管资本的首要问题是正确认识"什么是资本"。西方经济学由于意识形态和阶级性局限，普遍将资本视为生产要素（如货币、机器、厂房等）。马克思最初也是将资本作为一种"物"看待。例如，在《1844年经济学哲学手稿》中，他将资本定义为"积累的劳动"。但是在分析了资本与劳动的关系后，马克思发现了隐藏在资本背后的人与人之间的不平等关系，在《资本论》中首次从人与人的关系和价值创造的视角，将资本定义为一种生产关系——"资本不是物，而是一定的、社会的、属于一定历史社会形态的生产关系，后者体现在一个物上，并赋予这个物以独特的社会性质"。这一定义，意味着马克思扬弃了之前从异化劳动的角度研究资本与劳动的对立关系，转而把批判的焦点集中在资本主义生产关系的局限性上。因此，我们要从资本背后反映的生产关系出发，理解和把握管资本问题。

其次，资本不是静止的，而是价值自行增殖的运动。理解了"什么是资本"，还要进一步理解资本的运行规律，深化对资本本质的认识。马克思认为，在资本主义生产过程中，资本是一种不断追求自身增殖的经济权力。它最初表现为一定数额的货币，通过独特的流通形式 G—W—G′，即购买、生产、销售等不同阶段的运动过程，原预付价值实现了价值增殖。正是这种运动使价值转化为资本。对此，马克思在《资本论》中总结道："资本作为自行增殖的价值……它是一种运动，是一个经过各个不同阶段的循环过程，这个过程本身又包含循环过程的三种不同的形式。因此，它只能理解为运动，而不能理解为静止物。"其中，W—G′即商品转化为货币的过程被马克思称为"商品的惊险的跳跃"。他强调，"这个跳跃如果不成功，摔坏的不是商品，但一定是商品占有者"。根据内容和范围不同，马克思进一步将资本运动区分为社会总资本运动和个别资本运动，分别进行考察。这说明，管资本不仅应关注资本运动的结果，如资本回报等，更应关注资本运动的整个过程。

最后，资本的逻辑既存在文明性，又具有内在否定性。资本的逻辑就是追求增殖的无限性、价值的最大化。正如马克思在《资本论》中指出的，资本只有一种生活本能，这就是增殖自身，创造剩余价值，用自己的不变部分即生产资料吮吸尽可能多的剩余劳动。资本的无限扩张一方面极大地推动了社会生产力的发展，使得"资产阶级在它的不到一百年的阶级统治中所创造的生产力，比过去一切世代创造的全部生产力还要多，还要大"。另一方面，社会化大生产和私人占有生产资料之间不相兼容的现实矛盾日益突出，成为资本主义经济危机乃至社会总危机爆发的直接原因。马克思在《资本论》中一针见血地指出："资本主义生产的真正限制是资本自身。"因此，管资本要适应社会化大生产发展要求，关注社会资本的整体功能，扬弃私人资本的内在否定性。

虽然受历史条件的局限，《资本论》对资本运行规律的研究囿于资本主义经济制度，但其揭示的基本原理对于健全以管资本为主的国有资产监管体制，仍然具有重要的现实指导意义。

首先，管资本要符合中国特色社会主义的基本原则。资本是一定历史社会形态的生产关系。在社会主义市场经济条件下，国有资本和劳动者相结合进行价值创造和资本增殖，反映的是中国特色社会主义的生产关系。因此，管资本要符合中国特色社会主义的基本原则。一要符合市场经济的运行规律。市场决定资源配置是市场经济的一般规律，管资本要遵循市场规则，适应市场化、国际化发展要求，确立国有企业市场主体地位，更多依托产权关系和资本纽带、更多依靠公司章程和法人治理结构、更多采取行使股东权和发挥董事作用等手段履行出资人职责。二要符合社会主义基本经济制度的内在要求。一方面，要立足于坚持公有制主体地位、发挥国有经济主导作用，不断提升国有资本的整体收益和控制力，使国有经济更好服从服务国家战略需要，引领、带动其他所有制经济共同发展；另一方面，鉴于混合所有制经济已经成为基本经济制度的重要实现形式，对混合所有制企业要探索建立有别于国有独资、全资公司的治理机制和监管制度，对国有资本不再绝对控股的混合所有制企业要探索实施更加灵活高效的监管制度，以适应资产资本化、股权多元化的新形势需要。例如，中国国新控股有限责任公司结合所属企业持股比例、功能定位、管理层级等不同情形，分别采取差异化管控方式：对全资控股企业实施战略管控和财务管控相结合，滚动调整权责清单，同时加强财务、法律风控等关键职能条线的垂直管控；对相对控股混合所有制企业，探索通过建立差异化管控事项清单，实施以股权关系为基础、以派出股权董事为依托的治理型管控；对不控股的基金管理人，通过制定工作指引、遵循公司章程和投资协议、依托派出董事、监事、高级管理人员规范履职进行管控。三要符合中国特色社会主义的本质特征。2013 年 1 月，习近平总书记在新进中央委员会的委员、候补委员学习贯彻党的十八大精神研讨班上讲话时强调："中国特色社会主义是社会主义而不是其他什么主义，科学社会主义基本原则不能丢，丢了就不是社会主义。"

中国特色社会主义最本质的特征，就是中国共产党的领导。因此要坚持"管资本就要管党建"的原则，将党内监督与出资人监督相结合，在完善公司治理中加强党的领导。国有企业党委（党组）对企业重大经营管理事项要做好把关定向，在执行、监督环节进一步强化责任担当，为国有企业高质量发展提供坚强政治和组织保证。例如，中国南方电网有限责任公司对只设执行董事的企业，更加注重加强出资人监管，将经理层选聘、业绩考核、薪酬管理等"三重一大"事项提级至出资人决策；对具有人财物决策权，但因党员人数较少而只设党支部的企业，参照党委要求推进参与治理，有效提升企业治理效能。

其次，管资本要监管资本运动的全链条、全过程、全方位。资本通过不同阶段的运动实现价值增殖，相互交错、互为条件的个别资本运动构成了社会总资本运动。管资本就要对资本运动的全链条、全过程、全方位进行监管，做到微观监管与宏观监管有机统一。一是处理好做强做优做大国有资本与国有企业之间的关系。企业是资本的载体，也是管资本的着力点。管资本并不是不管企业，而是从企业的直接管理者转向基于出资关系的监管者。要通过市场化、法治化方式把管资本和管发展战略、资本运作等企业重大经营管理事项统一起来，强化使命监管和战略管控。二是构建具有出资人特色的全流程监管体系。进一步完善规划投资、预决算管理、企业领导人员管理、考核分配、资本运营与收益管理等工作，不断强化产权管理、统计评价、财务监管等基础管理，推动国资监管工作与国有企业改革发展和党的建设各项工作有机融合、相互促进，使监管工作覆盖企业工作的各方面、各领域、各环节。例如，江苏省国资委近年来不断推动企业风险防控信息系统建设，通过采集企业财务数据、经营数据，自动对标行业标准或设定的预警指标，识别风险点，形成风险报告。指导监管企业健全内部监督工作体系，强化对企业内部审计的指导，通过内部审计途径植入国资委的监督意图和监督重点，取得良好成效。三是加强国资监管的系统性、协同性。牢固树立全国国资"一盘棋"思想，以经营性国有资产集中统一监管为抓手，加强对地方国资工作的指导监督，推动全国国资大数据在线监管系统互联互通，全面建成国资监管云、国资监管大数据中心、全国国资国企在线监管系统，打通国资监管机构之间的信息孤岛，用数字化智能化赋能国资监管。例如，浙江省国资委出台《浙江省国资国企数字化改革行动方案》，重点建设"1+N"国资国企数字化智治系统，提出到2021年年底，完成全省国资国企在线监管系统正式上线运行，并实现各市国资委和省属企业一体化协同应用，形成覆盖全省各级国资国企的在线监管体系；到2022年年底，持续优化迭代各应用系统，初步建成"监督一屏掌控、管控一贯到底、数据一键获取、预警一有即出"的智慧型"国资监管大脑"。

最后，管资本要心怀"国之大者"。习近平总书记指出，企业之所以叫企业，就是必须赢利。追求价值增殖是资本的本性，国有资本、国有企业也不例外。与此同时，国有资本属于全体人民。这一特殊性决定了对国有资本的管理要适应社会化大生产发展需要，始终服从服务于党和人民根本利益。一是确保党和国家方针政策、重大部署在国有企业得到坚决贯彻执行。要推动中国特色现代企业制度实现"两个有效贯通"，即推动以管资本为主的国有资产监管体制与中国特色现代企业制度有效贯通、中国特色现代企业制度在各级国有企业之间有效贯通，将党中央决策部署内化为监管要求，将监管要求转化为股东意志，将股东意志落实到企业行动，推动党的主张和重大决策转化为各级国有企业的战略目标、工作举措、广大职工的自觉行动和改革发展实际成效。例如，中国五矿集团有限公司构建了具有自身特色的"三清单一流程"（"三重一大"清单、总部决策事项清单、核心管控事项清单、总部决策流程），并按照"企业分类、管理分级"的原则将配套制度推广至重要骨干子企业，指导子企业结合业务特点、管控模式差异化落地落实，有效避免"一个模子套到底"，形成了"横向一体、纵向一贯"的治理体系。中国中化积极推进境内外企业分类管控，通过制定授权受控标准和"例外管理"事项，理顺公司总部与境外企业、境内主体的管理关系和沟通机制，明确境外企业落实中国发展战略、人才交流使用、股东审计、全球司库系统建设等具体措施，形成中国特色国有跨国公司治理机制，推动贯彻落实国家战略、国资监管要求与全球治理规范有机结合。二是加强布局调控，提升国有资本整体功能。围绕国家战略需求和产业发展规划，以打造"四个企业"（行业产业龙头企业、科技创新领军企业、"专精特新"冠军企业、基础保障骨干企业）为抓手推动国有经济布局优化和结构调整，引导全社会资本在不同生产部门的合理流动和平衡。发挥好行业产业龙头企业的带动作用、科技创新领军企业的引领作用、"专精特新"冠军企业的突破作用、基础保障骨干企业的支撑作用，使国有经济在战略安全、公共服务领域的主体作用更加突出，对前瞻性战略性产业发展和产业链供应链安全的引领保障更加有力。例如，中国建筑集团有限公司聚焦产业化推动产业链布局升级，按照"五个有利于"（有利于培育新产品新业态新模式、增强科技实力、打造专业优势、塑强完整产业链、完善全球布局）的战略考量，确立了五大赛道，引导子企业聚焦选定赛道进行差异化发展，通过出台分拆上市、并购及混改指导意见，加大对领跑企业资源投放，推动每家二级企业打造至少一家国家级或省级"专精特新"企业，取得显著成效。同时，要坚决防止企业以"管资本"为名脱实向虚，将资金投入非主业项目，偏离自身功能定位。建议国有资本投资、运营公司试点实行动态清单管理，对于授权放权、治理机制、运行模式等方面改革乏力，只为方便开展金融业务而加入试点的企业，坚决调整出试点清单。三是妥善处理好国有资本剩余价值分配问题。国有资本属于全体人民，从事生产经营活动带来的剩余价值理应为人民所有并由人民共享。但是国有资本的运作、国有企业的经营离不开经营管理人员和广大职工。因此，既要防范内部人控制、利益输送、国有资产流失风险，又要加快健全灵活高效的市场化经营机制。进一步完善按业绩贡献决定薪酬的分配机制，灵活开展多种方式的中长期激励，以市场化激励约束机制激发企业活力，不断做强做优做大国有资本和国有企业。

从政策法规层面看，《国资委关于印发〈国务院国资委关于以管资本为主加快国有资产监管职能转变的实施意见〉的通知》（国资发法规〔2019〕114号）要求紧紧围绕"管资本"这条主线，从总体要求、重点措施、主要路径、支撑保障四个维度，以管资本为主加快推进国有资产监管职能转变，已经基本明确了"管资本为主"的内涵。但面对一些学界模糊认识，本书试图在此进一步澄清。

第一，"管资本为主"强调各级国资委监管理念和方式的转变，而非国有企业出资人职责的改变。国资委的国有企业出资人职责由《中华人民共和国企业国有资产法》（以下简称《国资法》）、《企业国有资产监督管理暂行条例》（以下简称《监管条例》）明确规定，并简要概括为"管资产和管人、管事相结合"；《中华人民共和国公司法》（以下简称《公司法》）也特别列示了国资监管机构的相关权责。这些法律法规仍是当前国资委履行国有企业出资人职责的最基本遵循。"管资本为主"是要求国资委减少审批、命令等行政化履职方式，更多地采用以产权为基础、以资本为纽带，依照公司章程，通过法人治理结构行使股东权和发挥董事作用的方式来履职，却并未改变职责内容。还要注意"为主"的表述，即行政化的履职方式可以"为辅"而非严格禁止，这是因为这种方式效率最高，特别是在"危急险重"的条件下最为适用。

第二，要全面把握国资委的三大职责，不能过分强调出资人职责而忽视其他职责。国有资产监管体制改革的首要任务就是推进国有资产监管机构职能转变，因此有观点认为，管资本就是把国资委的职责界定为"一个积极开展资本运营和投资的国有股东"，使国资委"成为一个纯粹的出资人"。这种观点对于国资委的职责理解不够全面，而且混淆了"职能"与"职责"的区别。国资委的职责是法律法规明确规定的，是由国有企业的基本属性决定的，以管资本为主加快职能转变是为了更好地履行自身职责，而非改变职责。仅仅把国资委定位为"中央企业出资人代表机构"是不够的、不全面的，这既不利于我们落实"以管资本为主加强国有资产监管"的要求，也不利于我们全面履行党中央、国务院赋予的责任使命。从法理上讲，国资委的三大职责是国家法律法规和党内法规明确规定的。例如，根据国资委 2008 年"三定"规定，国资委"根据国务院授权，依照《公司法》等法律和行政法规履行出资人职责，监管中央所属企业（不含金融类企业）的国有资产，加强国有资产的管理工作"，同时规定国资委党委"履行党中央规定的职责"。《中国共产党党组工作条例》规定，国资委党委履行对中管企业党建工作的具体指导和日常管理职责。从学理上讲，国资委的三大职责是由国有企业的性质决定的。首先，国有企业是企业，根据政企分开、政资分开的原则，需要由一个专门机构代表国家履行出资人职责，享有所有者权利。其次，国有资产是全体人民的共同财富，属于全民所有，国有出资人作为全体人民共同利益的代表，自然肩负着对企业国有资产进行管理和监督、防止国有资产流失的责任。最后，国有企业是党领导的国家治理体系的重要组成部分，必须坚持党的领导、加强党的建设，由国资监管机构党委履行国有企业党建工作的指导和管理职责，有助于保证国有企业改革发展的正确方向，把国有企业党的领导、党的建设的独特优势转化为企业发展优势。管资本转变的是"职能"而非"职责"。职责，顾名思义就是职位上应尽的责任，一个组织的职责由其定位决定；职能则是为了履行职责所应发挥的功能。作为国有资产监管体制改革的纲领性文件，《国务院关于改革和完善国有资产管理体制的若干意见》（国发〔2015〕63号）在"推进国有资产监管机构职能转变"一章，开宗明义地重申了国资监管机构的职责定位；《国务院办公厅关于转发〈国务院国资委以管资本为主推进职能转变方案〉的通知》（国办发〔2017〕38号）和《关于印发〈国务院国资委关于以管资本为主加快国有资产监管职能转变的实施意见〉的通知》（国资发法规〔2019〕114号）所采用的表述都是"职能转变"而非"职责转变"。这充分说明管资本并没有改变国资委的职责，但是为了适应市场化、现代化、国际化新形势和经济发展新常态，国资委有必要根据管资本的要求调整履职内容和方式，推动职能转变。国资委职能转变应立足于管资本，着眼于转变监管理念、监管重点、监管方式、监管导向，落脚于更好地履行三大职责。一是实现三大职责有机统一，大力推进中国特色现代企业制度建设，依据股权关系、通过法人治理结构履职，将出资人监管要求转化为股东意志，将加强党的领导与完善公司治理相统一，把党的建设融入管资本的全过程各方面。二是厘清职责边界，按照"三个归位"和"一个不干预"的原则完善权力和责任清单，探索授权国有资本投资运营公司履行出资人职责，不仅要厘清国资委、投资运营公司与所出资企业之间的权责边界，还要厘清国资委自身不同职责之间的边界，避免既当"裁判员"又当"运动员"。三是对照职责补齐短板，进一步强化"全国国资一盘棋"思想，根据国家战略、区域发展和产业规划统筹国有资本布局，加强对国资国企改革的宏观指导和管理。

第三，"管资本为主"已囊括了"管企业"的内容，二者是包含而非对立关系。国有资产监管体制改革要实现从管企业向管资本转变，因此有观点认为"国资委管资本不要去管企业""就管资本的进进出出"。这种观点割裂了企业与资本之间的联系，对管资本的理解存在片面性。管企业与管资本不是截然分开、非此即彼的。企业是资本的具体载体，是实现管资本的抓手和着力点。通过国有资产监管体制改革，不仅要做强做优做大国有资本，而且要为加快建设世界一流企业提供坚强的体制保障。马克思认为，所有制不是一个简单的法权意义上的人们之间关于物的权利关系，或生产资料归谁所有的权利问题，而是生产资料的所有者（占有者）与生产过程中使用生产资料的劳动者之间的经济关系。企业是劳动者与生产资料结合方式的最基本的载体，是构成一定所有制经济关系的细胞。所谓"皮之不存，毛将焉附"，如果没有各种形式的国家出资企业，就没有真正意义上的国有资本和国有经济；如果脱离了企业空谈管资本，管资本也就失去了抓手和着力点。党的十九届五中全会"做强做优做大国有资本和国有企业"的表述，明确了国有资本和国有企业是不可分割的统一体。国有资本基本上依托于国有独资企业、国有控股企业（含相对控股）和国有参股企业三种类型企业存在，且绝大部分在国有独资和控股企业中。如果国资委放弃管企业，会导致国有独资企业所有者彻底缺位，国有控股企业面临国有资产流失风险。且国资委管企业，实际上就是依照《国资法》《监管条例》履行出资人职责，法定职责必须为。而"管资本"可视为"管企业"的动态升级版，在原有基础上扩充了布局优化和资本运作等内容，有利于国有资本在收益性、安全性和党的领导等方面进一步提升。具体而言，就是在监管定位和理念上，从国有企业的直接管理者转向基于出资关系的监管者；在监管对象和重点上，从关注企业个体发展转向更加注重国有资本整体功能；在监管途径和方式上，从主要采取行政化管理手段转向更多运用市场化法治化方式；在监管导向和效果上，从关注规模速度转向更加注重提升质量效益。但也要注意，管好企业是"管资本"的基础，管不好企业，"管资本"就成了无源之水。我们不能脱离特定语境，将企业与资本截然分开，片面认为管资本就不应该跟企业发生联系。国资监管机构要依托产权关系和资本纽带履行出资人职责，就要以企业为对象，直接面向企业实施具体措施，国有资本的布局、运营和配置也需要以企业为载体才能实现。国有资本、国有经济的良性发展离不开国有企业这一基本载体，只有把国有企业搞好了，才能真正实现国有资本的"强优大"，真正提升国有经济的发展质量。以新加坡为例，2019 年淡马锡投资净值增长了 50 亿新加坡元，但新加坡整体经济发展停滞，根本原因就在于产值占 GDP 20% 的电子制造企业效益下滑。这些企业多为新加坡与欧美日合资，因追求短期经济利益，忽视尖端技术研发，最终陷入困境，我们应引以为鉴。因此，国资监管机构应着眼于资本、着力于企业，在尊重企业独立市场主体地位和经营自主权的前提下，切实履行"为国强企"的责任。一是强化战略引领、管好资本布局，在企业发展战略和规划上履行好出资人职责，引导国有企业进一步做强做优做精主业，聚焦实体经济，避免脱实向虚。二是注重考核引导、提高资本回报，对标世界一流企业完善国有企业考核评价指标体系，突出竞争力、创新力、控制力、影响力、抗风险能力的考核导向。三是发挥内外合力、维护资本安全，加强国有企业内控体系建设，推动出资人监督与纪检监察、巡视、审计等监督力量的工作协同，形成监督合力。

第四，国有资本投资、运营公司和产业集团都是"管资本为主"的工具和载体，也是被监管对象。"深化国有资本投资、运营公司改革"是党的十九届五中全会的明确要求，也是改革国有资本授权经营体制的重要环节。国有资本投资、运营公司和产业集团都是管资本的重要平台,但它们所能管到的资本仅限于产权范围内,且不具有国资监管职能。国资委授权放权,应以解决"越位"问题为导向,限于"依法由企业自主经营决策的事项",涉及国有资产监管的事项是不能授权的。这是由于授权企业国资监管事项不具备法律、法规或规章依据。国有资本投资、运营公司和产业集团一般资产规模庞大,需要被更加严密地监管,以最大限度降低国有资产流失风险。要结合企业主业特点,进一步明确国有资本投资公司、运营公司和产业集团定位,梳理总结现有试点企业在战略规划、公司治理、管控模式等方面的改革经验,有效发挥投资运营公司的专业化平台作用。还应注意,国资委一定要履行好出资人职责,不能在解决"越位"的同时引发更严重的"缺位"问题。

第五,"管资本为主"的终极目的是进一步"发挥国有经济战略支撑作用"。新时代以管资本为主的国资监管体制必须更有效地推动国有经济服从服务国家战略需要,增强整体功能。一方面,要将国有资本作为一个整体,从服务党和国家工作大局的高度加强前瞻性思考、全局性谋划、战略性布局、整体性推进,促进其合理流动,加快国有经济布局优化和结构调整。另一方面,要强化国有资本的收益和风险管理,引导企业坚持质量第一、效益优先,按照高质量发展的要求推动国有企业转变发展方式,加快建设世界一流企业。由此可见,"管资本为主"不能仅从一般商业意义上理解,更要站在国家战略高度来领会,并通过专业、成熟和系统化组织加以推进。

第六,坚决落实管资本就要管党建的责任,真正做到国企党建与国资监管、企业改革发展协同推进。国有企业作为党领导的国家治理体系的重要组成部分,必须坚持党的领导、加强党的建设;国资委在调整优化监管职能的过程中,必须将强化出资人监管与落实管党治党责任相结合。习近平总书记在 2016 年全国国有企业党的建设工作会议上，针对一些别有用心的人打着维护市场经济的口号否定党对国有企业的领导，宣扬党组织必须无条件撤出企业的错误观点，明确要求国有企业不仅要党的建设，而且一定要把党的建设搞好，特别强调国务院国资委党委要抓好中央企业党建工作。刘云山同志在总结讲话中明确提出，国资监管部门党委要落实管资本就要管党建的责任，真正做到国企党建与国资监管、企业改革发展协同推进。党组织是国有企业法人治理结构的有机组成部分。通过对公司治理的基础理论进行梳理不难发现，党组织参与治理符合公司治理的一般原理。一是多元利益相关者原理。现代公司中存在多元利益主体，所以有必要将各个方面的利益相关者纳入公司治理体系中来。国有企业具有政治属性，党组织理所当然是利益相关者，有必要参与治理。二是委托与监管孪生原理。现代企业是一个权力的委托代理过程：从企业作为经济组织的角度考察，资产委托到哪里，对资产的监管就要跟随到哪里；从企业作为社会组织的角度考察，利益相关者将权力委托到哪里，就要把监督延伸到哪里。国有资产属于全体人民，党组织作为人民利益的代表，有责任领导和监督这些资产的保值增值，也就是要参与公司治理。三是内外共治原理。现代公司治理实践表明，内部治理和外部治理二者关系互补，共同构成完整的公司治理体系。党对国有企业的领导既包括自中央而下的、处于企业之外的领导和监督，也包括企业内部的党组织对企业的领导和监督，这种外部治理和内部治理的有机结合，有助于提升公司治理的效果。四是国别特色原理。对国外公司治理经典模式作深入研究可以发现，世界各国的公司治理受所在国经济政治法律制度、资本市场、社会文化等特征的影响而呈现出差异性或多样性。中国特色社会主义制度的本质特征是中国共产党领导，这是我国区别于其他国家最大的制度差异。以管资本为主的国有资产监管体制要求"将国有出资人意志有效体现在公司治理结构中"，党组织作为公司治理结构的有机组成部分，自然不能例外。因此，管党建不仅是管资本的重要内容，更是管资本的内在要求。从国有企业的角度看，国有企业是中国特色社会主义的重要物质基础和政治基础，必须坚持"两个一以贯之"，这决定了国有资产监管也必须"两手抓"：既要以产权为基础、以资本为纽带，通过法人治理结构履行国资监管机构的出资人职责；又要坚持和加强党对国有企业的全面领导，按照党的领导体制，由国资监管机构党委履行国有企业党建工作的指导和管理职责，从而实现国有资产监管体制与国有企业公司治理机制有效对接。从国有资本的角度看，国有资本是长期以来在国家发展历程中形成的，是全体人民的共同财富。我们党坚持以人民为中心的根本政治立场，国有出资人接受人民委托、代表人民利益，同样要坚持人民立场。只有把党的领导、党的建设融入管资本全过程、各方面，把国有资产牢牢掌握在党的手中，才能确保党和国家方针政策、重大部署得到坚决贯彻执行，确保国有资本始终服从服务于党和人民利益。对于国有资产监管而言，管资本是手段，授权放权是前提，公司治理是基础。落实"管资本就要管党建"的要求，必须建设和完善中国特色现代企业制度，将管资本与完善国有企业公司治理结合起来。目前，中国特色现代企业制度建设已经取得突破性进展，中央企业集团全部实现"党建进章程"，全部落实党组织研究讨论作为公司决策重大事项前置程序。要进一步厘清党委（党组）和董事会、监事会、经理层等其他治理主体之间的权责边界，有效落实董事会职权。通过完善中国特色国有企业现代公司治理结构和治理机制，夯实管资本的微观基础。

党中央确定的现行国资监管体制符合国家治理体系和治理能力现代化要求，虽然仍需完善，但基本框架已通过《国资法》和《监管条例》明确规定。《国资法》第二章专门规范了履行出资人职责的机构，要求地方人民政府根据国务院的规定设立国有资产监督管理机构，也可根据需要授权其他部门代表本级人民政府履行出资人职责。《监管条例》第六条规定，只有在"企业国有资产较少"的特殊情况下，地市级以上政府可以不单独设立国有资产监督管理机构，第七条则禁止政府其他机构、部门履行企业国有资产出资人职责。由此可见，以单独设立为原则的各级国资委在国资监管体制中的地位是法定的，由各级政府直接或在非特殊情况下授权其他机构、部门对国有企业履行出资人职责没有法律支持。

自2003年国资委成立以来，我国国资监管体制发展步入了正轨，不断健全完善，国资委系统正是其中的中坚力量。其一，国资委系统落实了政企分开、政资分开。国资委专司国有资产监管职责，不行使政府的社会公共管理职能，并通过国资监管事项调整，逐渐将依法由企业自主经营决策的事项归还企业，实现了政府和企业"宜分则分"。需强调的是，政府直接将国有资本授权企业经营，不由国资委履行出资人职责，会使企业变成新的政府部门，产生更严重的政企不分。其二，国资委系统使国有资本形成了系统合力。国资委系统多年来在"大格局""一盘棋"的思想引领下，央地合作、区域合作不断加深，上下协同能力不断增强，实现了全国国有资本"宜统则统"。在抗击新冠疫情斗争中，国有企业相互配合产生的巨大力量，正是国资委系统统筹安排下的结果。其三，国资委系统致力于国资监管事业专业化体系化法治化发展。专业化强调国资监管的针对性、专业性，目标是实现具有国有资产出资人特色的全链条、全方位监管。体系化强调国资监管的全面性、系统性，贯穿了出资人职责、监管职责、党的建设职责三位一体。法治化强调国资监管的合法性、合规性，实现在法治轨道上推进监管体系和能力现代化。通过长时间与被监管企业的磨合，各级国资委的优势充分发挥，有效实现了国有资产保值增值。其四，国资委系统有效推动了国有企业党的建设。

当前，国有资本行业分布极广，各企业间股权结构错综复杂，在此条件下国有企业要坚持党的领导、加强党的建设，在分散割裂的监管条件下是难以实现的，必须要靠国资委上下贯通的系统来推动。自全国国有企业党的建设工作会议召开以来，国企党建工作取得了全方位的突出成效，正体现了国资委不断强化"负责国有企业党的建设"职责的成果。

习近平总书记强调，国有企业是中国特色社会主义经济的"顶梁柱"。而国资委系统就是这根"顶梁柱"内的"钢筋笼"，起到了约束方向和增加强度的重要作用。近年来，国有企业在历次大战大考中不断担起更重的担子，很大程度上要依赖国资委系统这组"钢筋骨架"来承力。

第四节 健全以管资本为主的国资监管体制重点任务研判

本书切入点为国资监管机构按照"管资本为主"的要求全面履行职责，基于国资国企改革已取得成果，当前面临的新形势新任务，以及未来推动国有经济更有效发挥战略支撑作用为立足点，在深刻理解"管资本为主"丰富内涵的基础上，解析了当前完善"管资本为主"国资监管体制的重点任务，进一步提出"十四五"时期健全国资监管体制的建议。以"管资本为主"为主线，当前国资委正着力构建起与我们党集中统一领导优势相适应、组织动员优势相衔接、集中力量办大事制度优势相配套的中国特色国有资产监管新模式，其中突出了专业化、体系化、法治化、高效化"四化监管"优势特长。我们以此为全书基本结构，从更充分发挥优势的角度研判重点任务的内容。

专业化监管就是要探索创新有别于行业主管部门和社会公共管理部门的监管方式，完善规划投资、考核分配等监管工作，强化产权管理、财务监管等基础管理。我们认为，专业化监管发挥效力的前提是"政企分开""政资分开"，由国资委专业地监管国有资产。当前，有的地方国资委成为政府组成部门，失去直属特设机构性质；有的与其他政府部门合署办公，容易导致新的"政企不分""政资不分"。必须依法推动国资监管机构建设，让专业的人、专业的部门干专业的事，不断提高把握市场规律、企业发展规律、国资监管规律的能力和水平。由此，"十四五"时期专业化监管的重点任务，就在推进经营性国有资产集中统一监管。历史已经证明，多头管理或分散管理造成的损失浪费很大，且各方政策执行的效果也不尽如人意，因此必须坚持并大力推进经营性国有资产集中统一监管。进一步，统一监管是完善以管资本为主的国有资产监管体制的重要基础，涉及完善和发展社会主义市场经济体制，乃至推进国家治理体系和治理能力现代化，我们将对此问题进行集中探讨。

体系化监管就是要把稳增长、抓改革、强创新、促发展、防风险等多重监管目标统筹起来，实现全方位全过程监管，也就是强化国资监管的系统性。当前，一些国有企业面临科技创新能力不强、产业布局较为传统等共性问题，必须尽快建立机制、完善流程，切实强化监管的科技思维、产业思维和战略思维，引导企业既要算好经济账，更要算好战略长远"大账"、算好社会民生等方面的"综合账"。由此，"十四五"时期专业化监管的重点任务，要树立国资监管"全国一盘棋"的思维，加大指导监督工作力度，增进各地横向沟通协作，进一步形成国资监管系统合力，推动共性问题解决。也就是加快构建国资监管大格局、形成国资监管一盘棋。2019年11月，国资委发布《关于进一步推动构建国资监管大格局有关工作的通知》（国资发法规〔2019〕117号），要求各级国资委立足全面履行国资监管职责，健全国资监管工作体系，加快形成指导监督有效、相互支持有力、沟通协调有方、共同发展有序的工作机制，凝聚国资监管事业蓬勃发展的系统合力，本书将结合各地实际对此开展讨论。

法治化监管是国资监管长善长治之基。国资监管法治化强调监管的合法性、合规性，要求不断健全国资监管法规制度体系和工作体系，深化被监管企业法治建设，在法治轨道上推进监管体系和能力现代化。构建法治化国有资产监管体系，需立足于完善以管资本为主的国资监管体制，在相关法律法规框架下紧扣国资监管职责和时代要求，聚焦依法监管和依法治企，持续完善法规制度，健全工作体系，面向提升能力强化保障落实。我们通过系统研究发现，法治化监管的重点任务包括配合修法、规章规范性文件的立改废释、推动法律法规在监管工作中的落实和法治央企建设等方面的工作，在系统梳理相关法律法规基础上，将针对这一系列重点工作给出相关建议。

要切实强化国资监管的有效性。有效性要求较为广泛，本质上就是要有效防止国有资产流失，推动国有资产保值增值。近年来，一些国有企业投资失误、债务违约、违规经营等负面事件时有发生，反映出从严监督管理方面还存在薄弱环节，因此要在重点领域、重点环节加强监督管理。我们研究发现，在"管事"层面上，科技创新工作是当前国资系统必须大力推动的工作，在"管人"层面上，国有企业领导干部的激励、教育仍然是监管工作的重中之重，因此可以以这两方面工作为抓手推动监管有效性快速提升。当然国资监管的有效性不局限在以上几个方面，但本书研究的是其中的"重点任务"，因此仅就这些方面展开讨论，分别给出操作性建议。

第二章 〉〉〉〉〉〉

国资监管体制的历史沿革追溯

对国有资产监督管理体制的考察有必要引入历史的视角，从其发展进程中总结规律性。1949 年 9 月通过的《中国人民政治协商会议共同纲领》明确提出，"凡属国有的资源和企业，均为全体人民的公共财产"。《中华人民共和国宪法》（以下简称《宪法》）第七条明确定义我国的"国有经济，即社会主义全民所有制经济"。2015 年 8 月印发的《中共中央 国务院关于深化国有企业改革的指导意见》中开宗明义地指出"国有企业属于全民所有"。这是我们社会主义基本经济制度的基石，也是实现习近平总书记提出的坚持马克思主义中国化，实行以人民为中心的治国理念的经济与政治保证。

第一节　过渡探索阶段（1978—1991 年）

在计划经济体制下，我国实行的是政企合一的大一统国营体制。由于全民所有制并非具体企业劳动者的共同所有，无法实现可分割的公众所有，因此实行了最终所有权虚拟，由国家统一代理经营的国营模式。这种模式有力推动了举国赶超的项目主导发展模式，通过一个个五年计划，分级列出各大项目，部委提要求、计委衡资源、财政分资金，对项目的监管远重于对资本运行和效率考评。当时的宏观监管主要体现在两个方面，一是遵循按比例发展的计划经济思路、优先发展生产资料，由各级财政指导不同类型的国营企业初次分配。二是在二次分配的预算中安排积累和消费比例。在 20 世纪 50 年代，通过全国一盘棋的计划经济方式统筹安排资本资金与劳动力；在 20 世纪 60 年代至 70 年代，大力整顿、充实、提高、调整农、轻、重的布局，沿海与内地的布局，鞍钢、长春一汽等东北老工业基地的大项目建成，石油开发与炼化工业的诞生，国防科工体系的形成，攀钢、二汽等基础工业全国均衡布局，都是这一时期的重要成果。

但是，政府以行政办法直接管理企业，所谓监督也属于管理行政分层下的行政监督，与经济发展产生了严重不适应，1979 年和 1980 年我国出现了数百亿元财政赤字。党的十一届三中全会确立了调整国家与企业之间利益关系的改革方针，随后"拨改贷"、两步"利改税"、"税利分流"，"松绑""搞活"国营企业的经营承包责任制等改革措施不断出台，出现承包经营责任制、租赁制、资产经营责任制等搞活企业的多种经营方式。

1983 年 4 月，国务院批转财政部《关于全国利改税工作会议的报告》和《关于国营企业利改税试行办法》，在国营企业中普遍推行第一步"利改税"改革，将新中国成立后国营企业向国家上缴利润的制度改为缴纳企业所得税的制度。1984 年 9 月，国务院批转财政部《关于在国营企业推行利改税第二步改革的报告》《中华人民共和国国营企业所得税条例（草案）》和《国营企业调节税征收办法》，实施第二步"利改税"，将第一步"利改税"中的上缴利润也变为上缴税收，彻底实现"以税代利"，自此国营企业改为按 11 个税种向国家缴税，不再上交利润。

1984 年 5 月，国务院颁发了《关于进一步扩大国营工业企业自主权的暂行规定》，从生产经营计划、产品销售等 10 个方面放宽了企业经营管理权限。1986 年 11 月，国家体改委发布《实行企业经营责任制试点意见》，确定在沈阳、重庆、武汉、石家庄等6个城市开展试点。1988年2月，国务院颁布《全民所有制工业企业承包经营责任制暂行条例》，指出承包经营责任制是在坚持企业的社会主义全民所有制的基础上，贯彻所有权与经营权分离的原则，转变企业经营机制，增强企业活力，提高经济效益，是企业自主经营、自负盈亏的一条重要途径，从而将承包经营责任制纳入法制化的轨道。

1987年1月，《中华人民共和国民法通则》（以下简称《民法通则》）正式施行，填补了我国民事基本法的空白，为市场经济运转提供了基本的法律原则与制度，也为即将开始的民法体系的立法拉开了序幕，从根本上促进了我国法制的民主化、现代化进程。《民法通则》中一个要点就是，对于什么是法人，具备什么条件才能成为法人，法人的种类，法人的民事权利能力和民事行为能力等专章详加规定。这不仅确立了法人的法律地位，而且为经济体制改革的深入发展，进一步增强企业特别是全民所有制大中型企业的活力，使它们真正成为名副其实的法人开辟了道路。同时，《民法通则》也是当时对经济体制改革的重大经验进行法律上的概括。经济体制改革的进一步发展，不仅要求民法对经济体制改革的成果用法律的形式固定下来，而且要求民法作为国家的基本法，为经济体制改革扫清障碍，开辟道路。《民法通则》正是在这种情况下，对民事活动的基本原则和各项基本的民事法律制度作出了明确规定。

1988年4月，国务院设立国家国有资产管理局，对全部国有资产行使管理职能，包括国家赋予的国有资产所有者的代表权、国有资产监督管理权、国家投资和收益权以及对资产的处置权。该机构成立后，在全国范围内组织开展清产核资，逐步构建了较为完整的国有资产基础管理政策法规体系，建立了国有股权代表制度。但该局1994年调整为由财政部管理，1998年被撤销，并未完全发挥应有作用，但不失为一次非常重要的分离社会经济管理职能与国有资产管理职能的体制改革尝试。

1988 年 8 月，《中华人民共和国全民所有制工业企业法》（以下简称《全民所有制工业企业法》）正式施行。该法规定企业财产属于全民所有，国家依照所有权和经营权分离的原则授予企业经营管理权，对承包、租赁、股份等多种经营责任制形式给予认可，同时明确提出全民所有制工业企业是依法经营、自负盈亏、独立核算的社会主义商品生产和经营单位。这是在法律层面首次对国家与国有企业之间的关系作出准确界定。确立了国有企业的法律地位，对"两权分离"改革原则作了更为明确的规定，以法律形式确定了企业的权责利，国家依照所有权和经营权分离的原则授予企业经营管理权。《全民所有制工业企业法》提出的所有权与经营权分离，是我国国有企业改革在理论上的重大突破，标志着政府直接管理、经营企业的体制发生根本性变化。

由于处于计划经济向市场经济过渡阶段，国营企业刚刚从"政府经济部门"向"独立市场主体"转变，这一时期改革并未明确谁来担任国家所有权主体的根本性问题，而是采取了多方面尝试探索。当时采取由各部委分别代行国家所有权主体的职能，导致"资出多门""政出多门"，并且各政府部门各行其是、行业保护严重。但是，我们应注意到，《全民所有制工业企业法》从法律层面确立了"政企分开、政资分开"的基本方向，而《民法通则》确立了经济生活基本行为准则，为后续私法立法奠定了坚实基础，因此，国资监管的一些雏形和基本原则在这一时期已经产生。但这一时期的尝试探索，对后续国资管理体制改革产生了深远影响。

第二节　基础奠定阶段（1992—2002 年）

20 世纪 90 年代，部分国有企业仍然亏损严重，国家着眼于搞好整个国有经济，适时推进国有资产合理流动和重组，组建跨地区、跨行业的大型企业集团，并放开搞活国有中小企业。1992 年 10 月，党的十四大报告多次指出"政企分开"，一方面强调通过理顺产权关系，实行政企分开，落实企业自主权，另一方面则提出了，加快政府职能转变的根本途径是政企分开。报告还强调进一步改革计划、投资、财政、金融和一些专业部门的管理体制，同时强化审计和经济监督，健全科学的宏观管理体制与方法。1993 年 11 月，党的十四届三中全会通过了《中共中央关于建立社会主义市场经济体制若干问题的决定》，明确要求建立"产权清晰、权责明确、政企分开、管理科学"的现代企业制度，成为长期指导我国国资国企改革事业的一项基本方针。1997 年 9 月，党的十五大报告提出建立管资产和管人、管事相结合的国有资产管理体制。1999 年 9 月，党的十五届四中全会要求继续推进政企分开，政府对国家出资兴办和拥有股份的企业，通过出资人代表行使所有者职能。2002 年 11 月，党的十六大报告指出，国家要制定法律法规来确定国有资产管理体制。

1993 年 3 月，第八届全国人民代表大会第一次会议通过了《中华人民共和国宪法修正案》，将《宪法》有关条文中的"国营经济"和"国营企业"分别修改为"国有经济"和"国有企业"，并在历经此后三次修订一直沿用至今。一字之差，表明了国家不再直接经营管理企业，而是从所有者角度行使所有权。

1992 年 3 月，国务院办公厅转发国有资产管理局、财政部、国家工商行政管理局《关于一九九二年在全国范围内开展国有资产产权登记工作的请示》，指出 1990 年以来 18 个省、自治区、直辖市和部分国家机关开展的产权登记工作，对加强国有资产产权管理，防止国有资产流失，推进企业所有权和经营权适当分离的改革，都起到了积极作用，为此建议 1992 年在全国范围内开展产权登记工作。1996 年 1 月，国务院印发《企业国有资产产权登记管理办法》，对产权登记工作进行统一规范，明确企业国有资产产权登记是指国有资产管理部门代表政府对占有国有资产的各类企业的资产、负债、所有者权益等产权状况进行登记，依法确认产权归属关系的行为。国有企业、国有独资公司、持有国家股权的单位以及以其他形式占有国有资产的企业，应当依照规定办理产权登记。

1993 年 12 月，第八届全国人民代表大会常务委员会第五次会议通过《公司法》，对有限责任公司、股份有限公司和国有独资公司的组织机构作出了规定，规定公司作为企业法人，具有独立的法人财产，享有法人财产权；公司中的国有资产所有权属于国家股东，股东按照出资比例分取红利。很重要的一点是，《公司法》首次提出了"国家授权投资的机构"。该法第六十六条规定："国有独资公司不设股东会，由国家授权投资的机构或者国家授权的部门，授权公司董事会行使股东会的部分职权，决定公司的重大事项，但公司的合并、分立、解散、增减资本和发行公司债券，必须由国家授权投资的机构或者国家授权的部门决定。"

1993 年 12 月，国务院印发《关于实行分税制财政管理体制的决定》，全面实施税利分流，逐步建立国有资产投资收益按股分红、按资分利或税后利润上交的分配制度。1994 年 3 月，国家通过《中华人民共和国预算法》，其中明确预算收入包括"依照规定应当上缴的国有资产收益"。1995 年 11 月，国务院第三十七次常务会议通过的《中华人民共和国预算法实施条例》进一步指明，我国复式预算分为"政府公共预算、国有资产经营预算、社会保障预算"，将国有资产经营预算正式明确为国家预算的重要组成部分。

1994 年 7 月，国务院第 159 号令发布的《国有企业财产监督管理条例》明确定义了国有资产管理体制为：国家所有、分级管理、分工监督和企业经营，形成了现代国资监管体系的基本框架。1995 年，在制定"九五"计划时，党中央提出把综合经济部门逐步调整和建设成为职能统一、具有权威的宏观调控部门，把专业经济管理部门逐步改组为不具有政府职能的经济实体，或改为国家授权经营国有资产的单位和自律性行业管理组织。1998 年3 月，国务院机构改革撤销了电力工业部、煤炭工业部、冶金工业部等 10 个工业专业经济部门，缩减为国家经贸委管理的 9 个国家局，政企不分的组织基础在很大程度上得以消除。经过两年多的过渡，国家经贸委管理的 9 个国家局也被全部撤销。1998 年7 月，中共中央大型企业工作委员会正式成立，对于加强党对国有企业改革和发展工作的领导，发挥了重要的组织保证作用。1999 年 9 月，党的十五届四中全会通过了《中共中央关于国有企业改革和发展若干重大问题的决定》，明确了"从战略上调整国有经济布局，要同产业结构的优化升级和所有制结构的调整完善结合起来，坚持有进有退，有所为有所不为"，以及国资监管体制是"国家所有、分级管理、授权经营、分工监督"。

党和国家在前一阶段经验的基础上，在这一时期探索出国有资产管理的正确方向。通过宪法修正变"国有"为"国营"，通过《公司法》等基础法律的出台进一步明确国有企业独立法人地位，通过出台产权登记、国有资产经营预算等方面的法律法规，明确了国有资产监管的部分重要工作，由此形成了较为清晰的国资监管体制概念模型。国有资产管理体制和国企经营机制已发生深刻变化，国有资产管理体制的整个基础，就是沿着市场化、法治化路线铺设的。这一时期的改革也有一定代价，主要是撤销国有资产管理局导致监管漏洞和出资人缺位，以及多头管理、无人负责的"九龙治水"问题，理论界与舆论界一致呼吁加强国有资本统一监管。

第三节　体制建立阶段（2003—2012 年）

2003 年 3 月，第十届全国人民代表大会第一次会议决定成立新的国有资产管理机构——国有资产监督管理委员会，在国有资产国家统一所有的前提下，由中央政府和地方政府分别代表国家履行出资人职责，享有所有者权益，建立权利、义务和责任相统一，管资产和管人、管事相结合的国有资产管理体制。2003年4月，国务院国资委正式挂牌，作为国务院直属正部级特设机构，根据国务院授权对中央企业依法履行出资人职责，监督管理企业国有资产。此后各省市国有资产监督管理机构陆续组建。

2003年5月，为建立适应社会主义市场经济需要的国有资产监督管理体制，国务院颁布施行由国务院国资委起草的《监管条例》，标志着我国国有资产监督管理方面的立法迈出了实质性步伐。《监管条例》明确了国有资产管理体制的基本框架。一是在坚持国有资产由国家统一所有的前提下，规定由中央人民政府和地方人民政府分别代表国家履行出资人职责。二是明确要求在国务院、省级、地市级（设区的市、自治州）人民政府设立专门的国有资产监督管理机构，根据同级人民政府授权，依法履行出资人职责，并按照"权利、义务和责任相统一，管资产与管人、管事相结合"的原则，规定了国有资产监督管理机构的职责和义务。三是明确要求各级人民政府实行政资分开，国有资产监督管理机构不行使政府的社会公共管理职责，政府其他部门、机构不履行企业国有资产出资人职责。这些基本制度的确立和施行，为国资委依法履行出资人职责，推进国有资产管理体制改革，实现国有资产管理制度创新，提供了法律依据。《监管条例》作为一部企业国有资产监督管理方面的重要法规，在《公司法》等法律规定的基础上，进一步完善了企业国有资产管理制度，对企业国有资产监督管理的原则、框架和基本制度等进行了设计，对企业负责人管理、企业重大事项管理、企业国有资产管理、企业国有资产监督等作了比较系统的规定。

2003年10月，党的十六届三中全会通过的《中共中央关于完善社会主义市场经济体制若干问题的决定》明确要求建立健全国有资产管理和监督体制，坚持政府公共管理职能和国有资产出资人职能分开，国有资产管理机构对授权监管的国有资本依法履行出资人职责，并明确提出了"政资分开"，要求建立国有资本经营预算制度。2007 年 9 月，国务院印发《关于试行国有资本经营预算的意见》，正式开始实施国有资本经营预算。2007 年 10 月，党的十七大报告要求加强建设国有资本经营预算制度，完善各类国有资产管理体制和制度。

2008 年 10 月，第十一届全国人民代表大会常务委员会第五次会议通过《国资法》，在法律层面确认了现行国有资产管理体制，标志着我国对企业国有资产管理有了最高层级法律的刚性约束与规范。《国资法》共 9 章，除原则和适用等方面内容，第二章和第三章是关于履行出资人职责的机构和国家出资企业及其权利、义务和责任的相关规定。第四、五、六章从"管人、管事、管资产"三个方面，对履行出资人职责的机构与国家出资企业之间的关系作了规定。第七章和第八章规定了国有资产监督和法律责任。《国资法》要求，国资监管机构在履行上述职能时要求按照政企分开，社会公共管理职能与国有资产出资人职能分开，不干预企业依法自主经营的原则，依法履行出资人职能，为国资监管机构作为纯粹的出资人设计了法治框架，《国资法》和《公司法》等相关法律完全对接。此外，该法对赋予国有企业充分的自主经营权、规范国企高管管理制度、防止国有资产流失、推进国企改革等重大问题也进行了详细规范。

这一阶段的改革和立法，构建了较为完整的现行国资管理体制。在新的国有资产管理体制下，国务院和地方政府通过设立国有资产监督管理机构来代表行使出资人职责，从而使政府的公共管理职能与出资人职能分开，政府部门不再直接管理企业。这一国资监管体系是 30 年来改革经验的结晶，是中国特色社会主义市场经济条件发展国有经济的重要保障。在《国资法》和《监管条例》规定的框架下，国务院国资委按照"先立规矩后办事"的原则，不断健全国有资产监管各领域、各环节的规章制度，逐步形成了较为完善的国资监管法规体系。在 10 年里相继制定发布了包括清产核资、业绩考核、重组破产、产权转让、风险控制、法律顾问制度、主辅分离、社会责任、人才队伍建设、信息化建设、改革改制、指导监督等方面的规范性文件 200 余件，国资监管体制真正建立了起来。有了优良监管体制保障，这一时期国有经济快速增长，全国国有工业企业总资产由 2003 年的 9.5 万亿元增长到 2012 年的 31.2 万亿元，年均增长 14.1%；总产值由 5.3 万亿元增长到 24.5 万亿元，年均增长 18.5%；利润总额由 0.4 万亿元增长到 1.5 万亿元，年均增长 15.8%，总体实现了跨越式发展。一批具有全球竞争力的集团公司逐渐成长，大型国有企业对关系国民经济命脉和国家安全行业的主导作用和控制力也得到显著增强，为推动我国经济社会发展、保障改善民生、维护国家安全、增强综合国力作出卓越贡献。

第四节 健全完善阶段（2013 年至今）

党的十八大以来，中国特色社会主义进入新时代。2012 年11 月，党的十八大报告强调要深化国有企业改革，完善各类国有资产管理体制。2013 年 11 月，党的十八届三中全会通过《中共中央关于完善社会主义市场经济体制若干问题的决定》，要求"以管资本为主"加强国有资产监管，成为新时代完善国资监管体制的指导方针。2014 年 1 月，党中央成立全面深化改革领导小组，习近平总书记亲自担任领导小组组长。2014 年 11 月，党中央决定成立国务院国有企业改革领导小组，加强对全国国企改革的指导把关，中央组织部、国家发展改革委等十余个部委为小组成员单位，领导小组办公室设在国务院国资委。2015 年 10 月，习近平总书记在全国国有企业党的建设工作会议上的讲话指出，要坚持"两个一以贯之"，建设中国特色现代国有企业制度。要通过加强和完善党对国有企业的领导、加强和改进国有企业党的建设，使国有企业成为党和国家最可信赖的依靠力量，成为坚决贯彻执行党中央决策部署的重要力量，成为贯彻新发展理念、全面深化改革的重要力量，成为实施"走出去"战略、"一带一路"建设等重要力量，成为壮大综合国力、促进经济社会发展、保障和改善民生的重要力量，成为我们党赢得具有许多新的历史特点的伟大斗争胜利的重要力量。要坚持有利于国有资产保值增值、有利于提高国有经济竞争力、有利于放大国有资本功能的方针，推动国有企业深化改革，提高经营管理水平，加强国有资产监管，坚定不移地把国有企业做强做优做大。

2015 年 8 月，中共中央、国务院印发了《中共中央 国务院关于深化国有企业改革的指导意见》，从改革的总体要求到分类推进国有企业改革、完善现代企业制度和国有资产管理体制、发展混合所有制经济、强化监督防止国有资产流失、加强和改进党对国有企业的领导、为国有企业改革创造良好环境条件等方面，全面提出了新时期国有企业改革的目标任务和重大举措。这是新时期指导和推进中国国企改革的纲领性文件，其中完善国有资产管理体制部分特别体现出党的十八届三中全会提出的"管资本为主"的要求。一是以管资本为主推进国有资产监管机构职能转变，准确把握履行出资人职责的定位，建立监管权力清单和责任清单，实现以管企业为主向管资本为主的转变，该管的要科学管理，决不缺位，不该管的要依法放权，决不越位。二是以管资本为主改革国有资本授权经营体制，改组组建国有资本投资、运营公司，作为国有资本市场化运作的专业平台。三是以管资本为主推动国有资本合理流动优化配置，以市场为导向、以企业为主体，优化国有资本布局结构，增强国有经济整体功能和效率。四是以管资本为主推进经营性国有资产集中统一监管，加强国有资产基础管理，建立覆盖全部国有企业、分级管理的国有资本经营预算制度。

在以管资本为主推进国资委职能转变方面，2015 年 10 月，国务院印发的《国务院关于改革和完善国有资产管理体制的若干意见》，指导各级国资监管机构准确把握履行出资人职责定位。2017 年 4 月，国务院办公厅发布《国务院国资委以管资本为主推进职能转变方案》，要求把精简监管事项同完善企业法人治理结构结合起来。要改进监管方式手段，更多采用市场化、法治化、信息化监管方式。2019 年 11 月，国务院国资委印发《国务院国资委关于以管资本为主加快国有资产监管职能转变的实施意见》，要求针对国有资产监管越位、缺位、错位问题，从监管理念、监管重点、监管方式、监管导向等方面作出全方位、根本性转变。包括从对企业的直接管理转向更加强调基于出资关系的监管，从关注企业个体发展转向更加注重国有资本整体功能，从习惯于行政化管理转向更多运用市场化法治化手段，从关注规模速度转向更加注重提升质量效益。该方案还对突出管资本的重要内容、优化管资本的方式手段和强化管资本的支撑保障等方面内容作出了详细规定。

在改革国有资本授权经营体制方面，2019 年 4 月，国务院印发《改革国有资本授权经营体制方案》，提出优化出资人代表机构履职方式，分类开展授权放权。2019 年 6 月，国务院国资委印发《国务院国资委授权放权清单（2019 年版）》，共涉及 35 项授权放权事项，其中，对各中央企业的授权放权事项 21 项，对综合改革试点企业的授权放权事项 4 项，对国有资本投资、运营公司试点企业的授权放权事项 6 项，对特定企业的授权放权事项 4 项等。这将促使国企加快形成有效制衡的公司法人治理结构、灵活高效的市场化经营机制。

在推动国有资本合理流动优化配置方面，推动国有经济布局结构调整在国资管理体制中的标志性转变就是改组组建国有资本投资、运营公司。2018 年 7 月，国务院印发《国务院关于推进国有资本投资、运营公司改革试点的实施意见》，明确了国有资本投资、运营公司的功能定位、组建方式、授权机制、治理结构、运行模式、监督与约束机制等 6 方面内容。2022 年 7 月，国务院国资委印发的《关于国有资本投资公司改革有关事项的通知》将中国宝武、国投、招商局集团、华润集团和中国建材 5 家企业正式转为国有资本投资公司，国有资本投资公司试点名单增至 19 家。

在推进经营性国有资产集中统一监管方面，2018 年 5 月，中共中央办公厅、国务院办公厅印发了《关于推进中央党政机关和事业单位经营性国有资产集中统一监管试点的实施意见》，提出坚持政企分开、政资分开、所有权与经营权分离，理顺中央党政机关和事业单位同所办企业关系，搭建国有资本运作平台，优化国有资本布局结构，提高国有资本配置和监管效率，有效防止国有资产流失，实现企业健康发展和经营性国有资产保值增值。2022 年年底，全国省一级国资委集中统一监管平均比例超过了99%，资源配置效率和企业竞争力大幅提升。

2020 年 6 月，中央全面深化改革委员会第十四次会议审议通过了《国企改革三年行动方案（2020—2022 年）》（以下简称《行动方案》），成为三年来落实国有企业改革"1+N"政策体系和顶层设计的具体施工图，是可衡量、可考核、可检验、要办事的。截至 2022 年年底，大考答卷交出：改革主要目标任务完成，推动国资国企领域发生根本性、转折性、全局性变化。期间国资监管职能体系更加完善，强化各级国资委履行国有企业出资人职责、专司国有资产监管职责和负责国有企业党的建设"三位一体"职能配置。国资监管效能切实增强，建立"一利五率"（利润总额和净资产收益率、研发经费投入强度、资产负债率、全员劳动生产率、营业现金比率）高质量发展指标体系，统筹稳增长、抓改革、强创新、促发展、防风险等多重监管目标，强化全方位全过程体系化监管。

　　我们可以发现，这一阶段在"管资本为主"的方针指引下对国资管理体制进行进一步"完善"。主要方式也并非如上一阶段那样出台重磅法律，而是由党中央、国务院出台一系列关于国资监管、国有企业改革发展的指导意见，继而国务院国资委根据相关精神出台规章和规范性文件，国资监管法治化水平由此不断提升。因此，我们需深刻认识到，国资监管法治化是一个持续完善的进程，"管资本为主"并未否定法定的"管资产和管人、管事相结合"的监管，而是在新的时代条件下的补充和完善。国有企业是中国特色社会主义制度的经济基础和政治基础，也是国家治理体系的重要组成部分，资本不能与企业这一载体分割对立，国有资产管理体制完善不会放弃对企业的监管。

　　截至 2022 年年底，全国国资系统监管企业资产总额达 286.5 万亿元，较 2013 年年底增长 2.36 倍，年均增长约 11%，远超同期 GDP 年均 6.2% 的增长水平。2013—2022 年国有企业总资产指数与 GDP 指数对比如图 2.1 所示。同时，国有经济在推动国家重大战略、开展重大科技创新、服务社会保障民生等方面作出了突出贡献，多次受到党中央高度赞誉。

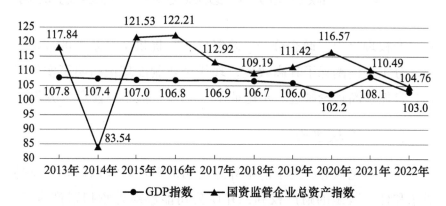

数据来源：国家统计局网站、《中国国有资产监督管理年鉴（2022）》。

图 2.1　2013—2022 年国有企业总资产指数与 GDP 指数对比

第三章 〉〉〉〉〉

专业化监管重点任务研究

　　"政企分开、政资分开"是我国三十多年国企改革的基本方向，专业化集中统一的国资监管就是其基本实践。国务院国资委的成立，意味着公共管理部门不再具有管理国有资产的职能，这一点在《监管条例》中已有清晰表述。但由于历史和现实原因，《国资法》对其他部门监管国有企业、国有资产仍有保留。近年来，以管资本为主的国资监管体制愈发强调专业的部门、专业的人来干专业的事，国有资产集中统一监管无疑是"十四五"时期完善国资监管体制的重中之重。

第一节　"政企分开、政资分开"的理论依据

　　产权理论为"政企分开、政资分开"提供了最基础的理论支撑，分工理论阐释了其高效性，现代企业制度理论指明了实施路径，自然垄断理论则进一步论证了"分开"但不是任意"分割"。

（一）产权理论

　　产权理论认为，为了清晰界定公司的财产权利以区别于全体股东和任一股东的财产权利，并使公司能够对外承担财产责任，须在法律上赋予公司具有类似于自然人的人格特征，即形成为法人，并以法人财产对外行使产权权利。法人财产权的确立，使得

法人的产权具备了明确性、专有性、可转让性和可操作性，这既使法人财产权能够得到有效的保护，又使法人财产权可以有效有偿地转让。公司法人财产权的形成，既是两权分离的结果，也是两权分离的前提。

根据该理论，如果公司法人财产权不能被清晰地界定，两权分离的公司制企业不仅不可能产生，而且公司产生后也不可能正常运转。因此必须在完全保障法人财产权的基础上，国有企业才能成为独立的法人主体，国家出资人的权益才能得到保证。政企不分、政资不分的问题很大程度上是国有企业法人财产权不独立所致，即国有企业的财产与国家的财产没有完全分开。这一情况在国资委成立并完善相关法规政策后有所缓解。

（二）分工理论

分工理论认为专业化和专家化能够带来效率的显著提升，并认为专业化分工基础上的协同，能更有效地提高效率。在法人财产权已经存在的前提下，两权分离形成了资产经营者与资本所有者的分工，只有所有者充当出资角色与经营者充当经营角色的专业分工真正落实，才能实现企业高效率。也就是资产经营者专司资产的购进、生产和销售等资产运营活动，而资本经营者专司投资、监管和资本布局结构调整等资本运营活动，并在此基础上需实现两者行为的协同，这是两权分离的公司制企业进一步实现效率提升的重要条件。

根据该理论，国企改革不仅要涉及资产经营权的责权利相统一，还涉及国有资本出资人（监管主体）的专业化和专家化，以及使所有者和经营者二者权利独立又协同地发挥作用。履行社会公共管理职能的政府部门取向是行政化的，如同时履行国有企业出资人职能，则不可避免地带有行政性，不可能是专业化的。这些政府部门作为出资人（含部分掌握出资人权能），就有能力、有动机为部门甚至官员个人政治利益干预企业，导致企业经营效率降低。更严重的是，为补偿效率损失、维系企业运行并实现行政目标，这些政府部门会予以企业渠道、资金等方面的"特殊照顾"，使市场完整性和市场机制功能受到破坏。从另一个角度看，这种监管体制下的企业也在导致政府职责混乱，扭曲行政公正性。因此，这种分工应是明晰的而不是模糊的，政府公共管理部门不应成为国有企业的出资人。

（三）公司治理理论

公司治理是公司的权力安排，主要是指在公司所有权层次上所有者如何向经营者进行授权并确保经营者有效行权。作为公司所有者的股东大会享有最高、最后的直接控制权，但为了不断提升每一个委托代理关系中的信息对称性程度，特别是防止逆向选择和背德行为的发生，必须要分层构建激励约束体系。所有者与经营者之间有委托代理关系，必须要尽可能地减少交易成本。具体到国有企业中，也就是要通过更有效的安排，在专业化出资人基础上建立更合理高效的监管机制，同时将中国特色（包括党的领导、党的建设等）有机融入这一体系之中，更合理有效地形成所有者与经营者之间的委托代理关系。

根据该理论，国有企业出资人不仅是一项"权益"，还要能够解决非常复杂的治理问题，如大面积出现内部人控制、靠企吃企乃至国有资产流失等问题，坚定地守护好、发展好全体人民的共同财富。国资委系统经过与众多国有企业多年磨合，建立了最为成熟高效的监管体制，因此具备作为出资人的巨大优势。而政府的公共管理部门基于其核心职能定位，无法分出大量精力搭建完善的国企治理体系，对于国有企业治理缺乏有力掌控。即便具备部分管理职能，也有损现行国资管理体制运行效果，因此不应插手国资国企管理事宜。

(四) 自然垄断理论

自然垄断指某些产品和服务由单个企业大规模生产经营比多个企业同时生产经营更有效率的现象，典型如自来水、电力供应，电信、邮政等。经济学理论认为，只要单一企业垄断市场的社会成本最小，该行业就是自然垄断行业。自然垄断的产生原因有两个：一是规模经济，二是范围经济。法学理论认为，自然垄断是在市场自然条件下产生的垄断，往往带来更高效率，增加社会总体福利；而更多主体参与，可能导致社会资源的浪费或者市场秩序的混乱。国资监管是基于国家所有权的，必然要求统一制度规范、统一工作体系，具有一定自然垄断属性。

根据该理论，国有资产属于国家所有，产权具有不可分性，实施排他的统一监管的效率会更高。搭建国资监管组织架构、制度规范和工作体系等"固定成本"，会随着被监管企业数量增加而摊薄，降低监管平均成本，因此是规模经济的；对不同行业国有资本统一监管，有利于监管资源的整合与匹配，以及国有资本有效流动，因此是范围经济的。由此国资监管具有自然垄断性质。基于这一属性，政府公共管理部门的相关管理是非效率的，如果将自身管理职能向国企延伸，就需要与国企现状相协调，并重新搭建一套系统，成本非常巨大；由于这些部门管理涉及的范围更多是特定行业，会导致该企业与整个国资国企系统不协调，更容易出现各类问题。

实际上，国资监管模式的选择既受到社会制度和国情的影响，也在不同时期表现出阶段性的不同特征。2016 年 7 月，习近平总书记在全国国有企业改革座谈会上要求："要加强监管，坚决防止国有资产流失。"国有资产是全体人民共同的宝贵财富，是保障党和国家事业发展、保障人民利益的重要物质基础，一定要管好用好。加强国有资产监管，要完善符合我国国情、具有中国特色、适应市场经济规律和企业发展规律的国有资产监管体制，形成与我们党集中统一领导优势相适应、组织动员优势相衔接、集中力量办大事制度优势相配套的中国特色国资监管新模式。近年来，我国国有经济快速发展，显然与国资管理体制不断完善有直接关系，但政企不分、政资不分的遗留问题始终在一定程度上存在。下一步，要沿着发展中国特色社会主义市场经济方向，结合上述经典理论进一步完善国资管理体制，特别是通过经营性国有资产集中统一监管，进一步释放巨大活力。

第二节　国外国资监管模式概览

从全世界来看，国有资产监管与各个国家自身的国有资产存量规模有着很大的关系。一般而言，国有资产规模较大的国家，倾向于设立专门的国有资产监管机构来负责，国有资产规模较小的国家，倾向于依托现有的政府机构代为管理，有研究将上述两种国有资产监管模式总结为"集中模式"和"分散模式"。在多数国有资产规模较大的国家中，出现了国有资产监管相对集中的趋势，以体现国有资产监管的权利和责任相统一、工作效能的强化。尤其是国有资产的行业类型比较接近时，对国有资产的集中统一监管就会显现出更大的优势。21世纪以来，国有资产的集中统一监管趋势出现了新的进展。经济合作与发展组织（OECD）2011年报告认为，国有企业所有权"明显地朝着更为'集中'的方向发展"。

相对而言，中国、法国、韩国、芬兰、瑞典、新加坡、越南等属于国有资产监管"集中模式"的类型。法国、韩国、芬兰等国家是从相对分散的模式过渡到"集中模式"。就"集中模式"而言，存在政府特设机构监管（法国）、政府部门监管（芬兰）、设立国有资本运营公司（新加坡）等不同的监管形式。

　　具体而言，法国、芬兰、瑞典等欧洲国家，以监管集中、职能统一为特征的经营性国有资产监管机构建设一直在进行。尽管这些国家的社会制度、国情与中国的社会制度、国情存在很大差异，国有经济与中国国有经济的目标、使命、规模也有很大不同，但它们的一些做法和经验仍可被中国改革参考借鉴。其中具有代表性的国家情况如表 3.1 所示。

表 3.1　国有资产监管模式的国际比较

国家	法国	芬兰	瑞典	新加坡
管理机构	国家参股局	国家所有权监管局	国企局	淡马锡控股公司
机构职责	从出资人的角度参与国有企业发展战略的制定，对国有企业重大投资方向和规模进行管理，组织国有企业的重组和上市，对国有企业运营风险进行管理等	通过独立分析与监督制定所监管国有企业的所有权战略、对企业绩效进行跟踪分析、审批国有企业所有权的交易、出席股东大会、聘任国有企业董事会成员	专司国有资产出资人职责，统一负责全国国有企业管资产、管人、管事	代表新加坡政府持有国有企业的股份，实现新加坡国有资产的保值增值
职责差异	履行出资人职责的同时，实施国有资产监管			出资人

　　（1）法国在西方国家中占有较高比例的国有经济，最高时占国民经济比重 20% 左右，其国有企业分为从事工商业活动的行政性公共事业机构、工商业性质的公共事业机构以及企业、国家掌握部分股票的混合公司等。法国政府于 2003 年集中整合原来分散在能源、交通、财政等部门的国有资产管理职能，成立国家参股局（APE），代表法国政府统一行使国有资产出资人职责，负责管理所有的国家参与出资企业的活动，以明确执行国有资产增值政策。

　　法国国家参股局有如下特点：与法国政府的其他职能部门相比，法国国家参股局拥有最大范围的自主权；同国有企业董事长一样，法国国家参股局领导人的任期被明确规定，任期内配备预算，使其可以完全独立地承担其职责；在国家完全或部分控股的企业，法国国家参股局委派出国家代表（向每个企业委派 1~3 人）作为代理人组成代理处，共同出席股东大会；作为代表法国政府管理国有资产的专门机构，法国国家参股局的领导人每年要向法国议会的财政委员会进行述职。

（2）芬兰的国有经济比重在西方国家也相对较高。芬兰政府于 2007 年之前实行的是部门分散管理国有企业的体制。在认识到国有资产分散管理体制的弊端之后，芬兰政府于 2004 年正式成立了"国有资产管理小组"，统一负责国有资产管理政策制定和部际协调。之后，芬兰政府进一步整合政府统一管理国有资产的职能，制定了《国有控股和所有权督导法》，于 2007 年成立了芬兰国家所有权监管局。

为了将国有企业股权集中管理、超越部门利益、区别于市场规制职能的政府机构，芬兰国家所有权监管局设置于总理办公室，由一位部长分管。芬兰国家所有权监管局被赋予通过独立分析与监督制定所监管国有企业的所有权战略、对企业绩效进行跟踪分析、审批国有企业所有权的交易、出席股东大会、聘任国有企业董事会成员等职责。芬兰国家所有权监管局监管的国有企业，既包括基础设施、公共服务类国有企业，也包括市场化运作的国有企业。

（3）在瑞典，国有企业所有权属于议会，议会授权政府管理国有企业，实行统一的国家所有权政策。瑞典政府在工业、就业和通讯部（简称工商部）内设立了国企局，专司国有资产出资人职责，统一负责全国国有企业管资产、管人、管事的职责，负责监管瑞典的 40 家左右的国有企业。瑞典工商部国企局定期分析相关行业和私营企业的主要经营指标，对国有企业经营提出相应的指导建议；还负责对国有企业董事会业绩进行年度考评，向工商部提交相应的报告。

（4）除法国、芬兰、瑞典之外，比较有代表性的还有新加坡的淡马锡模式。为强化对国有企业监管，新加坡政府于1974年成立了淡马锡控股公司（非政府监管机构），代表新加坡政府持有国有企业的股份，运营管理新加坡政府在国内外的国有资产。淡马锡控股公司接受新加坡财政部的监管，并定期向新加坡财政部提交报告。淡马锡控股公司的基本职责是代表新加坡政府持有国有企业的股份，实现新加坡国有资产的保值增值。

法国、芬兰、瑞典和新加坡监管国有企业的方法不尽相同，但它们都有一个共同的基本特征就是：一个权力和责任统一、明确的单一机构，代表政府履行出资人职责，专门负责对该国国有资产的监督管理，以实现国有资产的保值增值。所不同的是，相比新加坡（淡马锡控股公司），法国（国家参股局）、芬兰（国家所有权监管局）、瑞典（国企局）都是在政府机构履行出资人职责的同时实现对国有资产的监管。新加坡的淡马锡模式更注重以代表政府的出资人身份保持国有资产的保值增值。虽然法国、芬兰、瑞典和新加坡国有企业的情况不尽相同，但都在单一机构统一监管下获得了很好的发展，有力说明了这种监管模式的高效性。

第三节　经营性国有资产监管体制现状

在国务院组织机构中，不少部委的职责涉及"监管"的内容，如国家市场监督管理总局规范和维护市场秩序，营造诚实守信、公平竞争的市场环境的宏观市场监管，国家能源局、中国民用航空局等对不同行业实施的行业监管，以及审计、税务等特定领域的专业监管。但归根结底，这些监管都是基于国家权力对社会事务进行监管，即"行政监管"，是由国家公共权力派生出来的公权力监管，因此直接目的更加偏重公平，偏重矫正市场失灵，稳定提供公共品等。国资委的"国资监管权"派生于国有资产所有权，其法理基础是私权利，保值增值是其直接目的。同时由于国有资产属于全体人民所有，两种监管的根本目的殊途同归，即社会福利最大化。在手段方面，行政监管多采取命令、指令等行政化的手段实施，而国资监管主要通过中国特色现代企业制度实现具体手段诸如建立和完善国有资产保值增值指标体系，制订考核标准，通过统计、稽核对所监管企业国有资产的保值增值情况进行监管，负责所监管企业工资分配管理工作，制定所监管企业负责人收入分配政策并组织实施等。

由于历史和国资属性等因素影响，当前政府部门对企业的行政监管中还残留有对国有企业"私权利"领域的影响，使国有企业无法完全采用市场化经营机制公平参与市场竞争。应根据中国特色社会主义市场经济制度和依法治国的要求，国有企业公权力的部分归公共管理部门，私权利的部分归国资监管部门。公共管理部门应对不同所有制企业一视同仁，即便需要国有企业充当政策工具，也应通过国资监管部门实施而不应直接干预。国资监管部门则要对国有经济的政治功能和社会功能进行通盘考虑，通过优化布局结构等手段，使国有经济对国家的战略支撑作用更加突显。

在整体上，我国经营性国有资产的总体分布情况如图 3.1 所示。在中央层面，97 家中央企业由国务院国资委履行出资人职责，国铁集团、邮政集团、烟草总公司、北大荒集团 4 家特殊功能企业，以及 27 家中央金融企业由财政部履行出资人职责。中央文化企业由中央宣传部管导向，财政部履行出资人职责。部分中央党政机关和事业单位因履行职责、承担相关工作任务和后勤保障等需要还兴办了一些企业，这些企业由所属部门、主办单位负责具体管理，财政部依照企业国有资产监督管理有关规定实施监管。

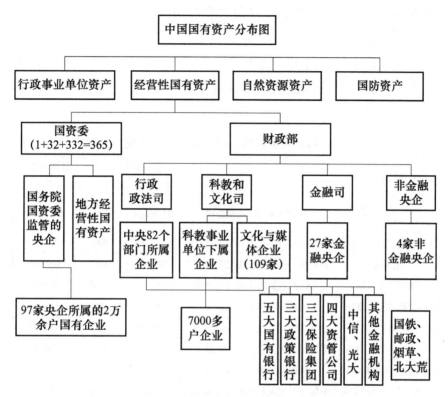

图 3.1　我国经营性国有资产的总体分布情况

截至 2020 年年末，国务院国资委监管的中央企业资产总额 68.7 万亿元，国有资本权益 14.3 万亿元；财政部履行出资人职责企业资产总额 23.4 万亿元，国有资本权益 4.4 万亿元；中央行政事业单位所办企业资产总额 1.9 万亿元，国有资本权益 0.9 万亿元。可以明显看出，主要中央企业（约 73% 的体量）集中在国务院国资委集中统一监管，有较为完善的法律法规和规范制度体系保障。财政部履行出资人职责的 4 家企业体量非常大，而且担负较为特殊的功能，暂时难以划归到标准国资监管体系中。中央行政事业单位所办企业数量庞大（合计体量约 2%），但平均规模较小，监督管理机制不完善，容易出现较大风险，甚至存在超过企业本身规模的更多连带责任。中共中央办公厅、国务院办公厅于 2018 年发布了《关于推进中央党政机关和事业单位经营性国有资产集中统一监管试点的实施意见》，主要针对中央行政事业单位所办企业。根据在"企查查"上获取的信息，部分国务院机构所办规模较大的企业（不含金融企业及文化企业，下同）信息如表 3.2 所示。

表 3.2 部分国务院机构所办规模较大的企业信息

中央行政事业单位	所办企业	注册资本（万元）	持股比例（%）	认缴出资额（万元）
中华人民共和国外交部	外交服务集团有限公司	52 766.4	100	52 766.4
中国民用航空局	首都机场集团有限公司	5 570 000	100	5 570 000
水利部	黄河水利水电开发集团有限公司	100 000	100	100 000
国家体育总局	中体产业集团股份有限公司	95 951.3	19.49	18 700.9
国家林业和草原局	大兴安岭林业集团公司	329 000	100	329 000
中国科学院	中国科学院控股有限公司	506 703	100	506 703
中国对外贸易中心	中国对外贸易中心集团有限公司	1 780 000	100	1 780 000
国务院发展研究中心	国研科技集团有限公司	9 415.4	67.55	6 360.1
中国气象科学研究院	中国华云气象科技集团有限公司	10 000	100	10 000

基于国资监管向以管资本为主转变，做强做优做大国有资本和国有企业的要求，经营性国有资产分散在各部门中已形成不利影响，统一监管需要进一步加强。当前世界百年未有之大变局加速演进，国有经济在战略安全、公共服务领域的主体作用，前瞻性战略性产业发展和产业链供应链安全的引领保障作用愈发重要。分散在各部门的企业规模普遍偏小，没有资本运作和产业迁移空间，创新能力和服务支撑能力不足，服务国家重大战略作用有限。并且这些企业普遍业务模式单一，加之上级单位业务干预，除极个别情况，做强做优做大的潜力非常有限。而由国资委统一监管能更好地推动国有经济布局优化和结构调整，形成定位清晰、布局合理、功能科学的国有经济体系，有效发挥战略支撑作用。国资委强化资本运作，能更好地促进央地、区域及不同所

有制资本间的合作，帮助被监管企业在更广阔的市场上开展业务，推动世界一流企业建设。因此，只有推行统一监管，才能更有效地守护好、发展好全体人民共同财富。

从中央层面对比分析，图3.2显示，自国资委成立开始，中央企业历年净资产收益率基本都高于各部委管理企业。另有统计表明，"十三五"期间中央企业净利润年均增速9.4%，即便2020年受新冠疫情影响，净利润仍高达1.4万亿元，净资产收益率达5.7%。此外，由于我国区域经济发展的不均衡性，所以无法通过数据对比分析地方层面统一监管的效果。但根据2010年全国国资委系统指导监督工作座谈会的相关报道，北京、上海、天津、重庆四个直辖市及深圳等城市，早在当年已基本实现统一监管。这些城市普遍是发达地区，经济增长较快，国有经济带动作用也发挥得更加充分，在一定程度上证实了统一监管在地方的有效性。

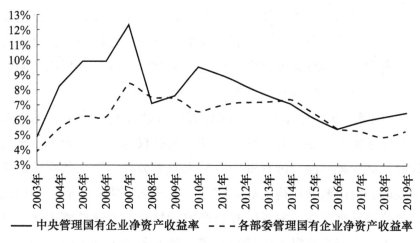

图3.2　中央与各部委管理国有企业总资产收益率

完善各类国有资产管理体制，在一定程度上就是统一监管不断推进的过程。过去十几年国有企业发展是历史上表现最好的阶段，很大程度上可归功于统一监管释放的红利。不难发现，随着统一监管的全面深入推进，更多制度性红利还会源源不断释放出来，对于"十四五"时期更好发挥国有经济战略支撑作用具有十分重要的意义。

第四节　国企改革文件相关规定

2015 年起，党中央、国务院颁布实施指导意见深化国有企业改革，确立了国企改革"1+N"文件体系。《中共中央　国务院关于深化国有企业改革的指导意见》作为"1"，在国企改革中发挥引领作用；制定"N"个配套文件，强化各项改革之间的协同配合。在关于国资管理体制的文件中，剥离事项仍然占据很重要的位置。

《中共中央　国务院关于深化国有企业改革的指导意见》在指导思想和基本原则部分都强调了"政企分开"。在国资管理体制层面，该意见要求主要体现在第十五条的三个方面，一是推进统一监管，二是国资监管统一制度规范、统一工作体系，三是完善国有资本经营预算管理制度。作为改革纲领，该意见指出了新时代政企分开、政资分开的基本方向。

《国务院关于改革和完善国有资产管理体制的若干意见》第二条要求实现政企分开、政资分开、所有权与经营权分离，坚持政府公共管理职能与国有资产出资人职能分开。第三条要求准确把握国有资产监管机构的职责定位，专司国有资产监管，不行使政府公共管理职能，发挥国有资产监管机构专业化监管优势，逐步推进国有资产出资人监管全覆盖。第五条要求推进国有资产监管机构职能转变，将国有资产监管机构配合承担的公共管理职能，归位于相关政府部门和单位。第十五条要求推进政府职能转变，区分政府公共管理职能与国有资产出资人管理职能。由此可见，该意见进一步明晰了政府公共管理与国资出资人职能泾渭分明的导向。

《国务院国资委以管资本为主推进职能转变方案》"一、总体要求"第二条要求按照政企分开、政资分开、所有权与经营权分离要求,科学界定国有资产出资人监管的边界,国务院国资委不行使社会公共管理职能,不干预企业依法行使自主经营权。"二、调整优化监管职能"第三条要求落实政资分开原则,立足国有资产出资人代表职责定位,全面梳理配合承担的社会公共管理职能,结合工作实际,提出分类处理建议,交由相关部门和单位行使。该方案从国务院国资委自身角度剥离社会公共管理职能,与之相适应的剥离事项也应得到更为顺利的推进。

《关于进一步推动构建国资监管大格局有关工作的通知》要求统筹深化经营性国有资产集中统一监管。坚持政企分开、政资分开原则,落实党和国家机构改革的决策部署,积极配合做好党政机关和事业单位所属企业脱钩划转和接收工作,加快实现监管全覆盖。各级国资委要逐步将委托其他部门监管的企业纳入国资监管体系,充分发挥专业化监管优势,做强做优做大国有资本。

《行动方案》第三十条要求深化政企分开、政资分开,除法律法规等另有规定或经国务院授权外,其他行使公共管理职能的部门要剥离专门针对国有企业、国有资产的管理事项,基本实现行使公共管理职能的部门不再行使国有资产出资人职责,国资监管机构不再行使公共管理职责。该规定第一次明确提出了事项剥离,给出了改革具体可操作的方案,要求在方案规定期间必须完成此项艰巨任务。

第五节 相关政策建议

统一监管是一项系统性工作,不仅要协同多方力量,对企业分类处理,而且要在划转企业内对建立市场机制等改革措施压茬推进，此外还涉及监管体制的完善。我们由此提出以下几方面建议：

第一，协同党政机关、政府部门和原主办单位等力量，为统一监管创造良好环境。建议各级国资监管机构抓紧主动向党委、政府汇报政策要求和相关工作情况，依托由党委、政府主要领导同志主持的领导小组，会同有关部门统筹重大问题，切实加大工作推进力度；加强与原主办单位沟通协调，全方位深度了解划转企业的基本情况，特别是业务开展情况，以及金融债务、内部交易等重要风险点，"一企一策"制定有效改革方案；与财政部门配合，统筹考虑原主办单位预算安排和划转企业上缴收益等，使公共预算与国有资本经营预算既相互独立又有机衔接，兼顾原主办单位预算经费需要和划转企业后续发展；促进国土资源、税务和人社等相关政府部门按职责分工落实配套措施，解决改革中政策的难点和堵点，在符合相关规定情况下充分享受优惠政策。

第二，有效发挥国有资本投资、运营公司功能作用，为统一监管注入强大动力。建议各级国资监管机构通过国有资本投资、运营公司发起设立统一监管基金，以此为平台鼓励各类资本积极参与，通过母子基金、直接投资相结合等方式参与统一监管改革项目增资扩股等；推动加强项目事前管理，做好可行性研究（尽职调查）工作，深入开展市场、财务和法律等方面的论证，按要求履行资产评估等程序；监督做好项目的事中、事后管理工作，严格跟踪划转企业的运营状况，发现问题及时解决，出现重大不利变化时实施破产、拍卖、出售等处置，划转企业实现平稳过渡或被处置后及时开展后评价，对有益经验进行推广；指导强化风险管理，完善项目的风险管理体系，加强廉洁风险防控，严防国有资产流失，提高企业资产、人员、债务等各类问题应对能力，特别要注意维护职工合法权益。

第三，大力推进划转企业改革发展和党的建设工作，凸显统一监管制度优势。建议各级国资监管机构将统一监管工作与"1+N"文件体系,特别是国企改革三年行动中的其他条款要求充分结合,在统一监管进程中更多地完成各项改革任务;全面落实习近平总书记"两个一以贯之"的重要指示要求,加强中国特色现代企业制度建设,解决历史遗留问题,健全市场化经营机制;提高划转企业国有资本运营效率,清理退出低效无效资产,多种方式向优质企业提供发展资金支持,促进系统内企业的信息互通、资源共享、深度合作和业务整合,助力优质企业拓展业务;加强划转企业党的全面领导,推动企业党建工作与生产经营深度融合,充分发挥国有企业的政治优势,以高质量党建引领高质量发展,落实全面从严治党主体责任、监督责任,营造企业风清气正的良好政治生态。

第四,不断探索针对各类特殊企业的有效监管模式,夯实统一监管基础。实行部分划转的企业,原主办单位还持有部分股份并保持一定影响力,需要国资监管机构与原主办单位密切配合,促进公共事业和企业业务共同发展。建议国资系统除按股权关系派出董事外,还可争取派出总法律顾问、财务总监、风险总监及其他高级管理人员,与部分划转企业的系统联结更加紧密;与原主办单位就重大事项作出权责约定,并建立良好沟通机制,尽量决策前达成一致;推动企业加强管理体系和管理能力建设,加强战略、组织、财务等管理。维持现行管理体制的特殊企业,也不宜完全游离在国资监管体系之外。建议各级国资监管机构促进此类企业国有资产基础管理提升,执行国有产权管理有关法规、政策及制度,规范清产核资、产权界定、产权登记、资产评估等工作;编报统一的国有资产统计报告,如实反映本企业占用的国有资产及其营运情况;在确有必要和具备条件的前提下,可将企业党的建设工作先行移交国资监管机构负责。

第四章 >>>>>>

体系化监管重点任务研究

体系化监管的最重要体现,就是坚持全国一盘棋,从宏观层面加强国有资本和国有企业的前瞻性思考、全局性谋划、战略性布局、整体性推进,有效发挥国有经济战略支撑作用。坚持系统观念,推动国资委系统实现机构职能上下贯通、法规制度协同一致、行权履职规范统一、改革发展统筹有序、党的领导坚强有力、系统合力明显增强,一体推进国资国企发展改革监管和党的建设。

第一节 相关背景分析

"十四五"时期,国资国企事业发展面临着一系列艰巨任务与严峻挑战。特别是《中共中央关于制定国民经济和社会发展第十四个五年规划和二〇三五年远景目标的建议》(以下简称《建议》)着重指出了"发挥国有经济战略支撑作用",要求国有经济必须围绕服务国家战略,增强国有经济整体功能,提高国有资本配置效率。国资国企还需在"创新驱动发展"等重点领域加大工作力度,全面推动国资国企步入发展新阶段。完成这样宏大的目标,仅依靠央企是不够的,必须在"大格局""一盘棋"的思想引领下,有效发挥形成整个国资系统合力,并有效引导其他所有权属性的资本,带动产业链上中下游、大中小企业融通发展,才能为"十四五"规划和二〇三五年远景目标的实现提供有力支撑。

在地方国资国企各方面工作的推进中，掣肘于各类客观因素和其他政府部门职权，在区县完善监管系统、监管政策执行等一系列问题上亟须上下贯通的政策指导来"撑腰"，很多具体做法上的创新探索，也需要与上级和其他地区国资委进行深入交流，交叉验证。同时，地方国资委也希望通过国资委系统的交流促进全国国有资产的优化配置，更好助力本地经济发展。尽管在地方经济发展中产生了大量投资机遇，但囿于经验和实力等方面限制，地方国资国企对这些机遇有待深入开发，因此希望通过"大格局"的进一步完善，引领有相关经验的央企和其他类型的企业共同参与进来，互惠互利，共同发展。从全局的视角，只有在"大格局"思想指导下，国资委系统才能深化管资本为主的监管改革，进一步优化国有经济布局和结构，推动国资国企事业高质量发展。

根据《国资法》和《监管条例》相关规定，"国家统一所有"和"分级代表"共同构成了我国国有资产管理体制，并通过"地方国有资产监管工作指导监督"将二者有机结合。但实践中，"分级代表"原则往往被过分强调，对面上共性问题统筹研究不够，系统意识、全局观念需要进一步强化。为更全面、更高效地履行国资委系统法定职责，国务院国资委需基于国有资产"国家统一所有"原则，在"地方国有资产监管工作指导监督"工作基础上，加强面上统筹和系统建设，也就是要"构建国资监管大格局"。

《宪法》第七条规定，"国有经济，即社会主义全民所有制经济，是国民经济中的主导力量"，表明国有资产是由全体人民共同所有的生产资料。国有资产产权具有不可分性，由全体人民作为一个共同体共同行使产权，产权中包含的支配权、收益权、处置权等权利也应体现全民所有的属性，其行使应惠及全体人民。

《国资法》第三条规定："国有资产属于国家所有即全民所有。国务院代表国家行使国有资产所有权。"第四条规定："国务院和地方人民政府依照法律、行政法规的规定，分别代表国家对国家出资企业履行出资人职责，享有出资人权益。"须注意的是，其中"所有权"和"出资人权益"是有区别的，所有权是一种民法规范的"对世"绝对权利，而出资人权益则是《公司法》等法律规范的相对于被出资企业的"对人"相对权利。因此，由地方政府"履行出资人职责，享有出资人权益"的国有资产，其所有权仍然是国务院行使的，即"国家统一所有"。

《监管条例》第十二条第一款规定："国务院国有资产监督管理机构是代表国务院履行出资人职责、负责监督管理企业国有资产的直属特设机构。"第二款规定："省、自治区、直辖市人民政府国有资产监督管理机构，设区的市、自治州级人民政府国有资产监督管理机构是代表本级政府履行出资人职责、负责监督管理企业国有资产的直属特设机构。"第一款规定中，被代表人是国务院，国务院对全国国有资产行使所有权，而且"负责监督管理企业国有资产"之前并无"所出资企业"等限定。因此，实际上是授权了国务院国有资产监督管理机构监督管理全国的企业国有资产。第二款虽也无限定，但由于被代表人是"本级政府"，仅拥有所出资企业的出资人权利，因此是实际受限。也就是说，"分级代表"的原则是建立在"国家统一所有"基础上的，企业国有资产仍然是一个完整的体系。需说明的是，《国资法》对国务院的授权是法定授权，《监管条例》是国务院对地方政府的再次授权，且在《国资法》的框架内，并没有改变法定授权的权责关系。

《监管条例》第十二条第三款规定："上级政府国有资产监督管理机构依法对下级政府的国有资产监督管理工作进行指导和监

督。"第十三条第六款规定："国务院国有资产监督管理机构……可以制定企业国有资产监督管理的规章、制度。"同时，《国务院国有资产监督管理委员会主要职责内设机构和人员编制规定》规定国务院国资委主要职责的第三条、第八条和政策法规局、企业改革局、研究室等多个内设机构职能，都面向全国国资国企。上述条款是国务院国资委对地方国有资产监管工作指导和监督的依据，也是构建国资监管大格局的基础。其中需强调的一点是，"上级政府国有资产监督管理机构"所"指导和监督"的法律主体是"下级政府"，而不是下级政府国有资产监督管理机构，即国务院国资委构建国资监管大格局要求对各级地方政府是有普遍约束性的。

2019年11月，国资委发布《关于进一步推动构建国资监管大格局有关工作的通知》（国资发法规〔2019〕117号，以下简称《通知》），要求各级国资委立足全面履行国资监管职责，健全国资监管工作体系，以十个方面的重点任务为着力点，加强组织领导，把指导监督工作摆在更突出、更重要的位置，强化指导协调和监督检查，加快形成指导监督有效、相互支持有力、沟通协调有方、共同发展有序的工作机制，凝聚国资监管事业蓬勃发展的系统合力。

第二节　国资国企发展方面的重点任务

"十四五"期间要深入贯彻新发展理念，做强做优做大国有资本和国有企业。根据专家研讨、各地国资委反映的情况和资料梳理，国资国企发展方面的重点任务主要包括以下几个方面：

（1）以全国国资国企规划为统领，编制好各地区国资国企规划。规划编制是当前国资委全系统的一件大事，规划编制过程就是争取工作主动权的过程。一些地区国资委由于缺乏相关经验，在规划编制过程中遇到了一些困难，特别是如何将本地国资国企情况、上级规划和地区发展规划有机融合、互相促进是普遍难点，需要更多来自国资委系统和地方政府的指导帮助。在推进规划落实方面，也需要建立更完善的协调、督办和反馈机制。

（2）进一步推动产业升级，促进新兴产业和现代服务业发展。产业结构的优化，是国资国企快速发展、更好支撑国家战略的基础。当前不少地区国资国企聚集在传统产业，产业升级阻力较大，且对新兴产业接触较少，转型发展的路径尚不清晰。如东北地区等传统产业占比较重的地区，急需资金、技术、人才注入，来"激活"现代产业体系的发展。因此，推进国资国企转型升级是"十四五"期间的重要任务。

（3）加强协同创新，打好关键核心技术攻坚战。国有企业必须更好地解决"卡脖子"的技术难题，才能实现高质量发展。虽然不少大型国企有相当强的研发实力，但面对艰巨的研发任务，特别是大型综合产品研发，需要更多资金、资源的注入，也需要各方协同配合。因此，必须要凝聚多方力量，共同投资、成果共享、风险共担，使研发资源进一步优化配置，为国家科技自立自强注入更加强劲的动力。

（4）加强全球战略协同，集成高效地开发海外市场和项目。相对于国内成熟市场，海外市场已成为下一阶段国资国企发展的"洼地"。但是，不少地区（特别是内陆地区）的国有企业缺少海外经营的经验，贸然开展国际化经营难免"交学费"，因此不敢轻易尝试。而很多沿海地区和大型央企集团有丰富的海外经营经验，对海外各类风险和机遇有较全面的了解。因此，龙头企业必须更多带领缺少经验的企业"组团出海"，形成更强的中国企业竞争力。

（5）坚持统筹发展和安全，提高风险控制能力。各类风险隐患的应对是国资国企未来面临的重要挑战。对于自身经营中的非系统风险，各国有企业已有了较为成熟的应对措施，但对于系统性风险，国资国企尚未形成成熟完善的控制和应对体系。切实增强风险意识，进一步在抵御系统性风险中发挥国资国企"顶梁柱"的重要作用，保障经济社会安全，是下一步需要特别关注的。

（6）进一步推动各类资本和企业的多种形式的合作。促进资本高效流动和优化配置，是打通国内大循环的关键一步。以往不同类型资本合作存在一定体制机制障碍，需要进一步加强央地合作、区域合作和混改等措施的推行力度来消除。还要进一步建立更加开放透明的资本合作机制，解决资本估价不公平和交易成本过高等问题，促进各类资本和企业更加广泛深入的合作。

从各地区实践探索看，国资国企发展问题多集中在"编制规划"和"开展合作"两个方面。由于全国国资国企规划编制尚属首次，各方面经验较少，一些基层国资委需要上级政府国资委更多指导。在国资委系统的推动下，国有企业间合作将更加紧密，而其他所有制资本也会跟随引领参与合作。一些地区国资委还专门设置了合作促进的机构，已取得很多显著成效。我们对国资国企发展方面的重点任务提出以下几点对策建议：

（1）进一步完善国资委系统的规划工作体系。"十四五"期间第一次编制全国性的国资国企规划，是实践探索的第一步。建议国资委大力推动上下沟通联动，顶层设计充分吸收地方的意见建议，并对地方规划编制工作进行充分指导，基层遵循全国规划的同时，积极探索规划与本地区经济社会发展相融合。在规划的执行中，建议建立定期沟通机制，监督各地规划实施情况，汇总解决共性问题，推广优秀实践，并在推动规划落实的过程中不断完善工作机制。

（2）引导资金向产业升级和新兴产业布局倾斜。国有经济结构布局优化，需要在制造业的数字化发展和战略性新兴产业方面注入足够资金。建议通过资本运营公司建立相关方向的投资基金，联合各级国有资本，充分吸收民间资本，同时充分发挥金融杠杆作用，做大基金规模和影响力。与地方政府引导基金等力量相配合，向重点领域加大投资力度，大力推动现代产业体系发展和经济体系优化升级。

（3）在新型举国体制中发挥关键作用。国资国企必须充当强化国家战略科技力量的主力军，实现科技自立自强的核心力量。建议研发实力较强的行业领军国有企业，牵头组建更多创新联合体，承担国家重大科技项目，进一步加强形成科技研发的资本合力，通过股权和契约等方式，推进产学研深度融合，科学统筹创新资源，打造协同创新升级版。持续鼓励国有企业加大研发投入，对投入基础研究实行激励措施，构建新型举国体制运行的长效机制。

（4）加强中国企业在全球化经营中的协同。国有企业需要引领国内企业加强产业链上下游合作，以形成参与国际经济合作和竞争的更强优势。建议由各产业核心企业，引领带动国内其他企业，共同组建产业贸易联盟，促进多方协作，增强体系化的竞争能力，充分发挥我国各产业综合实力优势。同时，由国务院国资委协调各央企分头针对不同重点国家、地区设置负责综合窗口业务的战略机构，统领所在国沟通联络，主导国内相关企业一体化联合。

（5）联合构建系统性风险防御体系。国资国企必须切实增强风险意识，强化系统性风险应对能力。建议国资委系统在开展编制规划、推进改革等各方面工作时更多地考虑风险因素，特别是国务院国资委要统筹考虑全国性的经济社会风险，并确定应对措施。国资委系统要建立共同行动机制，共同防范化解各类重大系统性风险隐患。特别是针对当前部分地方债务风险防控压力增大的局面，要统筹做好债务风险防范化解工作，守住不发生系统性风险的底线。

（6）打通各类资本之间的合作障碍。一方面，建议国资委系统主动推进央地合作、区域合作和不同所有制合作，省、市国资委可设置招商和投资外联机构，推动信息互通和资源共享，通过加强监管机构之间的联系，促进企业之间的合作。另一方面，建议国资委系统进一步为各类合作创造更好的环境，如建设全国性的国资国企合作信息发布平台，发布股权和项目合作信息，制定标准化的合作操作程序，促使各类资源和资产合理估值等。

第三节　国资国企改革方面的重点任务

"十四五"期间必须坚定不移地推动改革，持续增强国企发展动力和活力。根据专家研讨、各地国资委反映的情况和资料梳理，国资国企改革方面的重点任务主要包括以下几个方面：

（1）强化政策引领，上下一致正确把握改革方向。在改革推进过程中，地方国资委积极发挥能动性，不断深化改革。但由于对自身措施的合法合规性没有足够把握，一些地方国资委在推进改革时有犹豫顾虑，特别是触及其他部门利益时，可能会导致改革搁置。还有少数地区国资委对政策方向把握有一定偏差，理解与中央文件精神并不完全一致，不利于改革的深入推进。基于上述情况，国资委系统还需进一步强化改革政策指引。

（2）配齐建强国有企业治理主体，理顺权责边界。坚持"两个一以贯之"的改革方向是治理主体完备，且能够"各司其职、各负其责"的基础。但当前的情况是，一些地方国有企业，特别区、县级和一些欠发达地区的国有企业治理主体多有缺失，甚至董事会都无法有效履职。造成这种情况的根本原因在于高层次管理人才的极端匮乏，这是不少地方国企改革的"痛点"。因此，配齐公司治理主体并理清各自权责，仍是国企改革中的重要任务。

（3）进一步提高国有企业混合所有制改革的效果。国有企业实施混合所有制改革，根本上是要推动企业转换经营机制，提升经营效率。但是，一些地方国有企业引入其他所有制资本之后，通过在章程（协议）中的大股东权力，仍然维持原有经营机制，再加上一些地方国资委并未充分放权，出现了所谓"只混不改"的情况。这不仅在一定程度上损害了中小股东权益，还会对整个混改效果造成不利影响，需要在下一阶段改革中着力解决。

（4）深化关键领域改革，全面建立市场化经营机制。在国企改革进程中，重点领域关键环节的重大改革举措具有引领示范和突破带动作用，这也往往是改革的难点。党的二十届三中全会明确提出的"推进能源、铁路、电信、水利、公用事业等行业自然垄断环节独立运营和竞争性环节市场化改革"，以及国企改革深化提升行动中的各项要求，将成为新一轮"国企改革攻坚战"，需国资监管方面政策与国企改革措施的相互配合，全力推动。

从各地区实践探索看，国资国企改革问题集中在"中国特色现代企业制度"与"混合所有制改革"的联系上。从短期来看，混改的活力和两个"一以贯之"的治理架构间产生了一些摩擦，少数地方国资委推动改革时有顾此失彼的情况。但从长期来看，这两方面的改革是相互促进的，一些地区以混改为契机，进一步完善了国有企业的治理结构，显现出更大的综合改革成效。我们针对国资国企改革方面的重点任务提出以下几点对策建议：

（1）进一步加强国资委系统改革政策的上下沟通。建议上级政府国资委加强对下级政府国资委改革方面的指导与监督，特别是对政策理解不清晰、不到位的情况，要及时予以解答和纠正调整，建立特别重大的改革措施上报审查制度。各级国资委要及时总结改革方面的成功经验，为其他地区国企改革工作提供有效借鉴。国资委系统应进一步加强改革方面的学习培训，确保上下一致把握正确改革方向。

（2）推动企业人才合理流动和优化配置。一些地方国有企业在中国特色现代企业制度改革中面临的核心困难是"招不来、养不起、留不住"高端人才，而央企和省属企业聚集了大量专业人才，这些人才也有发展空间的诉求。鉴于这种情况，建议国资委系统建立推动国有企业间人才的合理流动机制，推动大企业派遣高端人才到中小企业挂职，中小企业派遣后备人才到大企业锻炼，还要拓宽国资委和企业及各级国资委之间的人员流动，通过人才交流促进改革推进。

（3）切实解决企业"只混不改"的问题。建议各级国资委推动企业完善混改方案，加强有能力推动企业机制改革的战略投资者引入，确保合作方能够有效履行股东职责。在公司章程（混改协议）中特别注重保护各方股东权益，除"党建入章"等原则性问题坚持不改变，其他按照现代企业制度标准尽量减少限制性条款。对混改企业充分授权，发挥引入投资者推动改革的积极性，真正做到"以混促改"。

（4）发挥系统合力推进关键领域改革。当前各项关键领域改革呈现出综合性、系统性的特点，需要发挥国资委系统的合力综合推动。建议有监管职责的国资委帮助试点企业全方位梳理相关政策，指导试点企业完善改革方案。在改革实施中，给予试点企业薪酬分配等方面充分的自主权，鼓励大胆探索。在企业改革进程中遇到的重大困难，通过国资委系统协调各部门共同解决。

第四节　国资国企监管方面的重点任务

根据党的十九届五中全会精神，"十四五"期间必须健全以管资本为主的国有资产监管体制，不断提升国资国企监管的能力和水平。根据专家研讨、各地国资委反映的情况和资料梳理，国资国企监管方面的重点任务主要包括以下几个方面：

（1）深化国有资本投资、运营公司改革。《建议》明确提出的任务，必然是国资国企工作的重中之重。上一阶段，国务院国资委推动央企集团实施此项改革，采取的是"一企一策"的方式，具体考虑了各家企业的情况，却尚未形成统一改革模式。而少数地方国资委由于对相关政策把握不足，出现了一些错误。鉴于这样的现状，需在国资委系统内进一步明确"两类公司"的设立条件和功能定位，突出"两类公司"改革和国资监管改革的同步性，清晰划分权责，使改革沿依法合规的路径顺利推进。

（2）加大授权放权力度，优化监管方式，完善权力和责任清单。以管资本为主的国有资产监管体制要求不断完善监管内容和方式，在具体工作中较集中地体现在权责清单上。当前，各地方国资委基本推行了清单管理，但在清单事项上差别较大，一些地方的清单规定事项不具体、不明确；一些地方管得过细、过严；还有一些地方管得太少，无法全面履行法定职责。因此，下一步需根据以管资本为主的监管要求，系统性调整权力和责任清单。

（3）坚持政企分开、政资分开，深化经营性国有资产集中统一监管。充分实现各地经营性国有资产集中统一监管，是理顺国有资产管理体制的关键环节。此项工作不仅涉及部门利益调整，而且待移交的企业牵涉扭转长期亏损、完善治理结构、化解历史遗留、事业单位改革等问题，由此导致一些地方工作推动尚有一定困难。下一阶段，需要进一步加强此项工作力度，以更好的国资监管成效展示集中统一监管的制度优势。

（4）构建形成系统完备、上下贯通的法规制度体系。法规制度体系是国资委系统开展工作的基础，在"依法治国"不断加强的大背景下，构建国资监管大格局的基础就在于法规制度体系的系统完备和上下贯通。当前，国资委建章立制工作中的"系统思维"还应进一步加强，需要推动制度文件更多地适用于整个国资委系统。同时，各地方国资委推动立法的工作也需不断加强，使地方国资监管法规在符合本地实际的同时，与顶层制度设计更有效地衔接。

（5）加强国有资产监督，进一步筑牢防止国有资产流失的底线。国有资产监督工作涉及不同企业的经营管理情况，是一项复杂的系统工程，需要更加完备的工作体系。经过长期努力，当前业务监督、综合监督、责任追究三位一体的出资人监督工作闭环已基本形成，企业内部监督机制的有效性明显提高，巡视和审计等外部监督力量不断增强。但是，这些监督力量尚未有效协同，重复监督和监督不到位的情况需要在下一阶段得到有效解决。

（6）健全国资监管机构组织体系，扎实推进国有资产基础管理工作。当前，在已经建立国资委专门监管国有资产的地区，产权管理、财务监管、资产统计的国有资产基础管理工作基本得到了很好的完成，向上级政府国资委的信息编报工作也较顺畅。但是，尽管一些地区已经积累了较多经营性国有资产，却没有设置国资委，特别是一些区、县级政府甚至缺少履行完整国资监管职责的机构，国有资产基础管理工作还需进一步加强。

（7）促进形成上下联动的信息化监管格局。在线监管系统可以为加快国资监管大格局提供强有力信息化保障，推进"全覆盖"在线监管系统建设是大格局的"中枢"。当前，各地方国资委积极建设在线监管系统，取得了显著成效，但一些市级国资委由于资源能力限制，在系统建设上推进较慢。同时，这些系统更多地强调辐射被监管企业，在上下联动方面相对没有得到足够重视，需要进一步推动完善。

（8）完善国有资本经营预算体系，优化国有资本经营预算的收益与支出管理。自国有资本经营预算试行以来，对促进国有资本保值增值起到了明显促进作用。但当前一些地方有实际上将国有资本经营与公共预算混同的情况，未建立独立的管理机制，国有资本经营预算的收入与支出并未有效体现出资人的调控要求。

此外，一些地方底子薄，国有经济存量较小，经济发展较慢，虽然有迫切的发展需求，但资本金注入缺乏来源，无法发挥国有经济的战略支撑作用。

（9）加强上级政府国资监管机构对下级政府的国有资产监督管理工作指导和监督。指导监督工作是《监管条例》明确授权、《地方国有资产监管工作指导监督办法》（以下简称《办法》）详细规定的国资委法定职责，也是构建国资监管大格局的重要依据。下一阶段，需进一步把指导监督工作摆在更突出、更重要的位置，有效加强组织领导，推进指导监督工作走深走实。

在构建"国资监管大格局"中，"监管"方面的任务是重中之重。监管任务涉及的范围较广，各地国资委在不同领域探索也各有特色，但从根本上看，还是要通过法规制度、工作流程、监管方式等方面的贯通统一，实现国资监管规范高效，同时在加强指导监督工作和沟通交流的过程中，推动国资委系统凝聚更大合力，更加系统有效地推进国资委系统各方面的职能。我们针对国资国企监管方面的重点任务提出以下几点对策建议：

（1）同步推进"两类公司"和管资本为主的国资监管改革。建议国务院国资委在推进"两类公司"试点工作的同时，加强推广中央和地方典范公司优秀经验，以进一步明确"两类公司"的功能和定位，促进地方改革沿正确方向推进。同时，要进一步厘清国资委系统职责边界，抓好国资委管资本为主的核心职责，既不缺位，又不越位。使两项改革工作相互促进，既要依托资本纽带更好地体现出资人意志，又要依法授权发挥"两类公司"的积极作用。

（2）通过权责清单调整进一步优化监管内容。建议国务院国资委随权责清单的调整，发布相应的工作细则，进一步规范权责事项的内容和程序，方便地方国资委参照实施。按照权责法定原则，在权责清单中重点体现管好国有资本布局、规范资本运作、提高资本回报、维护资本安全的相关内容。逐级加强对下级政府监管权责清单制定工作的指导，在框架结构基本一致的基础上保证清单的合法合规性，逐步实现国资委系统清单范围、原则、事项基本一致。

（3）争取地方党委、政府支持经营性国有资产集中统一监管。建议各地国资委更积极地向地方党委、政府汇报集中统一监管的问题，包括顶层设计、制度优势和先进地方经验，争取地方党委、政府的支持。特别是要参考借鉴中央层面改革任务分工，推动明确各级国资委为本地经营性国有资产集中统一监管工作的牵头部门，争取更多的话语权和主动权。同时要积极与各部门配合，确保平稳移交，并通过促进企业更好发展进一步体现专业监管的优势。

（4）系统推进国资监管法规制度体系的完善。建议国资委系统加强法规制度建设工作的相互支持，国务院国资委制定政策文件注重征求地方国资委意见，使其更多地适用于全国国资系统。上级政府国资委积极指导帮助下级政府国资委出台国资监管地方性法规。下级政府国资委要认真学习上级政府国资委相关法规文件精神，并参照制定推行适用本地情况的法规制度。各级国资委应加强法规文件方面的交流，共同研究解决共性的疑难问题。

（5）协同国有资产监督各方力量。建议各级国资委提请地方党委和政府，制定监督系统框架，协调各方监督力量进行分工和配合，使不同监督主体的监督重心和监督方式各有侧重，形成监督合力，避免国有企业监督实践中的监督重复、监督缺位和监督低效。促进出资人监督和企业内部监督工作底稿通用化，由国资委完整保存和提供各方不涉密的监督工作底稿，推动监督工作成果互信互用。

（6）进一步夯实国资监管的基础。建议各省国资委推动设区的市、自治州级人民政府全面设置独立的国资委，各地市政府国资委推动区、县级人民政府明确履行国资监管职责的机构，夯实国资监管的组织基础。建议国资委系统以在线监管系统为基础，重新梳理各方面国有资产基础管理工作，共同研究起草《企业国有资产基础管理条例》，形成有效衔接、全面覆盖的业务体系，夯实国资监管的工作基础。

（7）加快全国性国资国企在线监管系统建设。建议国务院国资委依托试点建设经验，加强统筹协调、指导推动和宣传引导，加快实现监管信息系统对全国省、市和重点县区国资国企的全覆盖。各省级国资委应加强对下级政府国资委的帮助，在特定情况下可考虑全面代建。由于在线监管系统涉及各类主体和业务，系统架构复杂，建议进一步细化顶层设计指导，要特别注意系统的兼容性、可靠性和可扩展性。

（8）优化国有资本经营预算的收益与支出管理。建议国资委系统进一步完善国有资本经营预算的编制和管理工作，更多地体现出资人的调控要求，优先支持攻坚工程，落实国家重大战略，推动国有经济布局优化和结构调整、处僵治困等关键领域。探索上级政府国有资本经营预算中"其他支出"科目专列科目向有需要的下级政府注入资本金，使国有经济更有效地支持解决发展不平衡问题。

（9）进一步完善指导和监督工作机制。建议国务院国资委针对地方国资委执行《办法》的总体情况开展检查，及时明确执行中遇到的问题，搜集改进建议，根据构建国资监管大格局的最新要求部署调整。各级国资委明确承担综合归口职责的机构，根据中心工作和突出问题，编制和上报指导监督工作计划，并推动严格实施。各业务部门通过召开会议和组织培训等形式，加强专项指导。通过专项检查、派出督察组等方式加强各项重点监管领域和事项监督。不同层级和地区的国资委要加强常态化业务交流，互相学习促进，共同开展国资国企重大理论和实践问题攻坚。

第五节　国资国企党建方面的重点任务

坚持党的全面领导，加强党的建设是国资国企工作的核心。根据专家研讨、各地国资委反映的情况和历史资料梳理，国资国企党建方面的重点任务主要包括以下几个方面：

（1）进一步巩固和扩大政治建设、作风建设和反腐败斗争等方面的成果。长期以来，特别是全国国有企业党的建设工作会议召开后，国资国企系统党的建设取得了丰硕成果。在政治建设方面坚决做到"两个维护"，在作风建设方面锲而不舍落实中央八项规定精神，在反腐败斗争方面建立了较完善的监督体系，营造出国资国企风清气正的良好政治生态。"十四五"期间，国资国企系统需根据党中央要求，持之以恒坚持党的领导，加强党的建设，持续巩固已取得的成绩。

（2）弘扬国有企业先进精神，加强思想建设，凝聚国资国企改革发展的精神力量。国资国企系统深入学习贯彻习近平新时代中国特色社会主义思想，确保了党中央决策部署有效落实。同时，国有企业在跟随党长期奋斗的进程中，积累了丰富的精神财富，当前很多国有企业都总结提炼了自己的企业精神，但未形成较完整的国有企业精神系统。围绕习近平新时代中国特色社会主义思想，将分散于各企业的素材有机整合起来，是全系统加强思想建设的重要任务。

（3）加强干部队伍建设，大力提高国资国企干部履职尽责能力。国资国企事业蓬勃发展的关键，就是用党的领导思想基本原理和工作方法，建设国资国企高素质干部队伍。国资国企干部的成长路径不同于其他领域的干部，其履职能力包括政治、法律、财务、经营等一系列专业知识和实践操作，需要花更多时间和精力来培养。由于区域发展的不均衡性，一些地区缺少有效培养国资国企干部的资源和途径，国资委系统下一阶段需高度重视并系统解决这一问题。

（4）推进党建工作与生产经营相融合，充分发挥党的基层组织的战斗堡垒作用。党建工作与生产经营相融合是国有企业最显著的特点，也是国有企业基层党组织建设的有效方式。在实践中，很多企业进行了成效显著的探索，在攻坚克难、深化改革、技术创新等诸多方面发挥了基层党组织战斗堡垒作用和党员先锋模范作用。下一阶段，国资委系统需进一步加强对国企党建工作的支持推动，使工作再上新台阶。

近年来，国资国企的党建工作得到了飞跃式、系统性的长足发展。在实践中，各地国资委带领国有企业深入贯彻落实新时代党的建设总要求，特别是在推进党建工作与生产经营融合等方面，一些国有企业的特色做法取得了非常显著的成效。我们针对国资国企党建方面的重点任务提出以下几点对策建议：

（1）推动国有企业完善党建制度。建议国资委系统进一步推动国有企业健全贯彻落实党中央重大决策部署的机制，完善坚定维护党中央权威和集中统一领导的各项制度，明确国有企业党委（党组）在贯彻落实国家战略中的领导责任和领导方式。根据党中央统一要求加强对国有企业党建工作的指导，推动全面从严治党主体责任、监督责任相关制度的完善落实，一体推进不敢腐、不能腐、不想腐的机制建设。

（2）构建国有企业精神谱系。建议由国务院国资委相关单位牵头，在广泛搜集整理各家国企精神文化资源的基础上，构建起国有企业精神谱系，并优选一批具有代表性、示范性企业精神的教育基地开展党性教育。利用中国大连高级经理学院平台大力开展国有企业精神文化的深度阐释，讲好国企故事，重点打造传播新时代国企精神文化、深化党性教育的重要阵地。注重全媒体传播时代传播规律，通过国有企业精神系统化的宣传，营造改革发展的良好环境。

（3）加强高素质干部队伍的培养。建议国资委系统加强国资国企干部培训工作，并特别关注对欠发达地区和基层干部。充分发挥中国大连高级经理学院等国家级干部教育平台优势，结合网络教育便利的优势，通过培训激发人的活力，解放"人"这个最核心的要素，弘扬企业家精神，推动高素质干部队伍建设。重视研究并运用好党建的管理方法属性，注重培养国资国企各级领导干部熟练掌握马克思主义基本原理和工作方法，结合实际应用到国资监管、经营管理和创新发展中。

（4）推动企业党建工作与生产经营进一步深度融合。建议国资委系统进一步加强对国有企业基层党建工作的指导，把提高企业效益、增强企业竞争力、实现国有资产保值增值与国有企业的党组织工作更加紧密地结合在一起。加强推广企业党建工作与生产经营深度融合的优秀经验，使企业进一步明确工作实施路径。用考核的质量保证基层党建工作质量，推动国有企业基层党建工作与生产经营工作的考核紧密结合，使党建工作实现可量化、可考核、可持续改进。

法治化监管重点任务研究

国资委自成立起,一直将法治建设作为核心工作,坚持不懈推动国资监管在法治轨道上提高国资管理效能。进入新时代,在前期丰富积累基础上,国资委深入学习贯彻习近平法治思想,将国资监管法治化水平推上了新的台阶。法治化监管优势是在实践中形成、发展、提升的,更好地推动了国有资本和国有企业做强做优做大,有力有效地防范化解风险。

第一节 法治化监管是践行习近平法治思想的重要成果

习近平法治思想深入地回答了中国社会主义法治建设一系列重大理论和实践问题,是习近平新时代中国特色社会主义思想的重要组成部分。国有资产监督管理作为国家治理中的重要环节,必然要运用党的创新理论的世界观、方法论和贯穿其中的立场观点方法。党的十八届三中全会第一次提出"推进国家治理体系和治理能力现代化"和"推进法治中国建设",同时提出了"以管资本为主加强国有资产监管",新时代"法治"和"监管"重大命题并行产生,具有划时代意义。党的十九大将"坚持全面依法治国"确立为新时代坚持和发展中国特色社会主义基本方略的有机构成要素,同时强调了"完善各类国有资产管理体制"。党的二十大报告进一步强调"坚持全面依法治国，推进法治中国建设"和"深化国资国企改革"。将这两方面要求有机结合即国资监管法治化，也就是习近平法治思想为国资监管法治化提供了根本依据。其主要体现在以下几方面：

第一，习近平法治思想确定了国资监管法治化的政治面向。一方面，它要求更加深入地把握党对社会主义法治建设事业的全方位领导作用，包括强化党自身的建设。国资监管职责体系中也明确了"负责国有企业党的建设工作职责"，这使得监管法治化也要坚持党的领导。另一方面，它要求坚持"以人民为中心"，这关系我们党依照宪法法律治国理政的宗旨，全面依法治国的性质和方向、出发点和落脚点。国有资产属于国家所有即全民所有，是全体人民共同的宝贵财富，由此国资监管法治化也具有人民性的根本属性。

第二，习近平法治思想提供了国资监管法治化的系统性指导。习近平法治思想要求深入推进全面依法治国，发挥法治在国家治理体系和治理能力现代化中的积极作用，总目标是建设中国特色社会主义法治体系、建设社会主义法治国家。国资监管法治化包括完备的法律规范体系、高效的法律实施体系、严密的法律监督体系、有力的法治保障体系和完善的党内法规体系等，是开创法治中国建设新局面的一项具体表现。国资监管相关法律体系也是中国特色社会主义法治体系的重要组成部分，要在"法必须获得一体遵循"原则下采取各种措施，才能使各项条款真正落到实处，因此必须遵循习近平法治思想的系统性指导。

第三，习近平法治思想指明了国资监管法治化的实践路径。习近平法治思想强调实践导向，即推进社会主义法治建设必须全面，不留死角、不遗空间。依法治国要求各项工作必须按照法律、依据规则、遵循程序、公开透明。国资监管法治化必须据此保证国资监管工作的完善性和全面性，减少监管行权过程中的不规范现象。一方面，保证有关部门人员可以借助相应的法律条例，更有理有据地展开工作，推动国资监管工作顺利开展落实。另一方面，要求各级国资监管机构依法行使职权，优化执法体系，规范执法程序，明确执法责任，建立起公正高效、权责清晰的依法监管体制。

第四，习近平法治思想推动国资监管法治化不断突破新境界。习近平法治思想的形成，使中国特色社会主义法治理论达到了一个新的高度，推动了依法治国到全面依法治国的历史性转型和变迁，发生了从"有法可依、有法必依、执法必严、违法必究"到"科学立法、严格执法、公正司法、全民守法"的历史性变革。国资监管法治化也进入了新的发展阶段，在这一进程中，习近平法治思想将持续起到行动指南的作用。随着习近平依法治国思想的不断发展，国资监管法治化也将获得更充分的理论依据，在回应和解决新时期的问题和挑战中进一步丰富和完善。

第二节　国资监管法治化的法律法规分析

法律法规是构建法治化国资监管体制的根本。本书基于国资监管法治化的实践角度，第一层分析一般法，即《中华人民共和国民法典》（以下简称《民法典》）和《公司法》；第二层分析特别法，即《国资法》和《监管条例》；第三层分析"1+N"文件体系，主要沿着"管资本为主"的脉络分析"如何履行国有资产的监管职责"的问题；第四层分析国资委章程和规范性文件，侧重"采取什么方法、措施履行国有资产监管职责"问题。

（一）一般法分析

《民法典》和《公司法》是经济领域最基础的一般法，对经济组织（公司）的财产权利、治理架构、主体权责等内容作出了最为基本的规范，并特别对国有资产、国有企业作出了一些具体规定。虽然相关规定较为笼统，但国资监管的法治化进程，需沿着这两部一般法的既定原则和方针前进，而不能"另起炉灶"，罔顾一般法规定特立独行，这将不利于不同所有权资本的广泛合作及国际化经营。

2020 年 5 月，第十三届全国人民代表大会第三次会议表决通过了《民法典》，分为七编 1260 条。《民法典》作为我国一部崭新的基本法，实现了民事法律规范的高度统一，体现了我国新时代法治精神，进一步提高了国家治理能力和水平。《公司法》于 2023 年 12 月 29 日第十四届全国人民代表大会常务委员会第七次会议第二次修订，自 2024 年 7 月 1 日起施行，共 15 章 266 条。基于国资监管法治化的有关问题，对相关章节条款要点分析如表 5.1 和表 5.2 所示。

表 5.1　《民法典》相关要点分析

章节	相关条款	要点分析
第一编　总则 第三章　法人 第二节　营利法人——组织架构	第七十九条　设立营利法人应当依法制定法人章程。 第八十条　营利法人应当设权力机构。权力机构行使修改法人章程，选举或者更换执行机构、监督机构成员，以及法人章程规定的其他职权。 第八十一条　营利法人应当设执行机构。 执行机构行使召集权力机构会议，决定法人的经营计划和投资方案，决定法人内部管理机构的设置，以及法人章程规定的其他职权。 执行机构为董事会或者执行董事的，董事长、执行董事或者经理按照法人章程的规定担任法定代表人；未设董事会或者执行董事的，法人章程规定的主要负责人为其执行机构和法定代表人	• 国有企业是营利法人的一种类型，民法的总则即规定了其基本治理架构。其中，"章程"居于特别重要的地位，各治理主体的活动围绕章程展开。 • 营利法人的组织机构一般包括权力机构、执行机构、监督机构，但权力机构、执行机构是法律的强制性要求。 • 权力机构把握法人的根本，包括修改章程和产生其他机构。权力机构的意愿和决策需通过董事会等执行机构来具体贯彻实施，执行机构对权力机构负责

续表

章节	相关条款	要点分析
第一编　总则 **第三章　法人** **第三节　营利法人——与出资人关系**	**第八十二条**　营利法人设监事会或者监事等监督机构的，监督机构依法行使检查法人财务，监督执行机构成员、高级管理人员执行法人职务的行为，以及法人章程规定的其他职权。 **第八十三条**　营利法人的出资人不得滥用出资人权利损害法人或者其他出资人的利益；滥用出资人权利造成法人或者其他出资人损失的，应当依法承担民事责任。 营利法人的出资人不得滥用法人独立地位和出资人有限责任损害法人债权人的利益；滥用法人独立地位和出资人有限责任，逃避债务，严重损害法人债权人的利益的，应当对法人债务承担连带责任。 **第八十五条**　营利法人的权力机构、执行机构作出决议的会议召集程序、表决方式违反法律、行政法规、法人章程，或者决议内容违反法人章程的，营利法人的出资人可以请求人民法院撤销该决议。但是，营利法人依据该决议与善意相对人形成的民事法律关系不受影响	● 监督机构非本法律强制设置，仅对"设"的规定了职权行使方式。 ● 民法包含了法人人格否定的条款，限制出资人的越权行为。投资人一旦越权干预法人事宜，有限责任可能作废，被追究承担连带责任。该条款实际防止的更多是民营企业的出资人通过借款、担保等"掏空"企业。但在国有企业的场景里，出资人要特别注意自身权责边界，杜绝"越权"，防止被追溯追责。 ● 民法还对出资人的权益作出了最基本的保护，防止内部人控制，损害投资人权益。这要求执行机构的行为依法合规，特别要与章程相符，避免与投资人产生矛盾。 ● 上述条款内容与《公司法》相关规定是一致的
第二编　物权 **第二分编** **所有权** **第五章　国家所有权和集体所有权、私人所有权**	**第二百四十六条**　法律规定属于国家所有的财产，属于国家所有即全民所有。 国有财产由国务院代表国家行使所有权。法律另有规定的，依照其规定。 **第二百五十七条**　国家出资的企业，由国务院、地方人民政府依照法律、行政法规规定分别代表国家履行出资人职责，享有出资人权益。 **第二百五十九条**　履行国有财产管理、监督职责的机构及其工作人员，应当依法加强对国有财产的管理、监督，促进国有财产保值增值，防止国有财产损失；滥用职权，玩忽职守，造成国有财产损失的，应当依法承担法律责任。 ……	● 国务院行使的国有资产"所有权"是完整物权，不因国务院、地方人民政府"本别代表"的出资人权益而分割。这项权益延伸到国资监管领域，即国务院国资监管机构对全国国有资产监管都具有指导监督的权力，不仅限于"所出资企业"，即中央企业，这是理解我国国有资产管理体制的关键。 ● 履行企业国有财产管理、监督就是国资监管，相应机构原则上是国资监管机构，开展监管工作的目的是"促进国有财产保值增值，防止国有财产损失"。因此，我们的国资监管工作一定要牢牢把握并围绕这一目的展开，并按这一原则来规制企业行为

表 5.2　《公司法》相关要点分析

章节	相关条款	要点分析
第一章　总则	**第三条**　公司是企业法人，有独立的法人财产，享有法人财产权。公司以其全部财产对公司的债务承担责任。公司的合法权益受法律保护，不受侵犯。 **第四条**　有限责任公司的股东以其认缴的出资额为限对公司承担责任；股份有限公司的股东以其认购的股份为限对公司承担责任。公司股东对公司依法享有资产收益、参与重大决策和选择管理者等权利。 **第五条**　设立公司应当依法制定公司章程。公司章程对公司、股东、董事、监事、高级管理人员具有约束力	• 绝大多数国有企业已经按照《公司法》规定登记为有限责任公司或股份有限公司，广泛适用该法律的各项条款。 • 无论何种类型的公司，股东的责任一般情况下都是"有限"的，公司财产是独立的法人财产，不与其他主体相互混同。 • 公司股东的法定权利包括收益权、决策权和选人权，不因其他因素（如约定）而改变。 • 公司章程具有对相关人员的普遍约束力，是公司开展活动、划分权责的基本依据
第三章　有限责任公司的设立和组织机构 **第二节**　组织机构	**第五十八条**　有限责任公司股东会由全体股东组成。股东会是公司的权力机构，依照本法行使职权。 **第五十九条**　股东会行使下列职权： …… **第六十五条**　股东会会议由股东按照出资比例行使表决权；但是，公司章程另有规定的除外。 **第六十六条**　股东会的议事方式和表决程序，除本法有规定的外，由公司章程规定。 股东会作出决议，应当经代表过半数表决权的股东通过。 股东会作出修改公司章程、增加或者减少注册资本的决议，以及公司合并、分立、解散或者变更公司形式的决议，应当经代表三分之二以上表决权的股东通过	• 国资监管机构作为有限责任公司（非独资）股东时，在本节规定框架下履行权责。作为公司权力机构组成部分，监管机构参加权力股东会运行，分享决定公司的经营方针和投资计划等股东会职权。 • 要注意的是，有权对公司采取行动的，是股东会，而非国资监管机构。监管机构即便是大股东或实际控制人，也必须通过股东会决议影响公司，不能直接对公司其他治理主体发布指令。"越俎代庖"的情况在一些地区发生过，需要引起注意，坚持保持程序正确。 • 在一般情况下，国有企业（含参股）都是由股东按照出资比例行使表决权，一般通过决议是过半数，法律规定一些重大事项需要三分之二以上表决权的股东，因此 1/2、2/3 是两个对公司控制的股权比例临界点，需要监管机构注意

续表

章节	相关条款	要点分析
第五章 股份有限公司的设立和组织机构第二节股东会	第一百一十一条至第一百一十九条	• 基本精神与有限责任公司的股东会相关规定一致，但在程序方面的要求则更多。这是由于股份有限公司往往股东众多，为保证决策效率和有效性作出了更为细致的规定
第七章 国家出资公司组织机构的特别规定	**第一百六十九条** 国家出资公司，由国务院或者地方人民政府分别代表国家依法履行出资人职责，享有出资人权益。国务院或者地方人民政府可以授权国有资产监督管理机构或者其他部门、机构代表本级人民政府对国家出资公司履行出资人职责。 …… **第一百七十二条** 国有独资公司不设股东会，由履行出资人职责的机构行使股东会职权。履行出资人职责的机构可以授权公司董事会行使股东会的部分职权，但公司章程的制定和修改、公司的合并、分立、解散、申请破产、增加或者减少注册资本，分配利润，应当由履行出资人职责的机构决定。 **第一百七十三条** 国有独资公司的董事会依照本法规定行使职权。 …… 董事会设董事长一人，可以设副董事长。董事长、副董事长由履行出资人职责的机构从董事会成员中指定	• 履行出资人职责的机构与国有独资公司的关系，也是出资人对于所出资企业的产权纽带关系，而非上下级行政隶属关系。 • 《公司法》规定，董事长、副董事长由履行出资人职责的机构从董事会成员中指定，但目前实施中，一些政府直接任命董事长的做法其实是违法的，程序上还是要通过国资监管机构来制定任命

（二）特别法分析

《国资法》和《监管条例》是全部国资监管工作的最基本的法律依据，两部法律法规系统规定了由谁履行国有资产的监管职责和履行什么内容的国有资产监管职责，国资监管法治化整体应围绕这部法律展开。

《国资法》于 2008 年 10 月由第十一届全国人民代表大会常务委员会第五次会议通过，共 9 章 77 条。基于国资监管法治化的有关问题，对相关章节条款要点分析如表 5.3 所示。《监管条例》于 2003 年 5 月由国务院令第 378 号公布，经 2011 年 1 月和 2019 年 3 月两次修订，共 8 章 45 条。基于国资监管法治化的有关问题，对相关章节条款要点分析如表 5.4 所示。

表 5.3　《企业国有资产法》相关要点分析

章节	相关条款	要点分析
第一章　总则	第三条　国有资产属于国家所有即全民所有。国务院代表国家行使国有资产所有权。 第四条　国务院和地方人民政府依照法律、行政法规的规定，分别代表国家对国家出资企业履行出资人职责，享有出资人权益。 …… 第六条　国务院和地方人民政府应当按照政企分开、社会公共管理职能与国有资产出资人职能分开、不干预企业依法自主经营的原则，依法履行出资人职责	• 国有资产是由全体人民共同所有的生产资料，其产权具有不可分性，由全体人民作为一个共同体共同行使产权。国务院行使的国有资产"所有权"是完整的，而各级地方人民政府"出资人权益"则是仅针对所出资企业的，并不是独立完整的。即地方政府并未被授予由其"履行出资人职责，享有出资人权益"的国有资产的"所有权"，这些国有资产的所有权仍然由国务院统一行使，国务院可基于所有权对地方政府企业国有资产进行占有、使用、收益和处置。 • 各级政府不能直接运营企业，也不能由履行公共管理职能的部门来管理企业，必须在政府（部门）与企业间设立隔离
第二章　履行出资人职责的机构	第十一条　国务院国有资产监督管理机构和地方人民政府按照国务院的规定设立的国有资产监督管理机构，根据本级人民政府的授权，代表本级人民政府对国家出资企业履行出资人职责。 国务院和地方人民政府根据需要，可以授权其他部门、机构代表本级人民政府对国家出资企业履行出资人职责。 …… 第十二条至第十五条	• 明确了国有资产监督管理机构作为在政府授权履行出资人职责机构中的主体地位。国有资产监督管理机构根据本级人民政府的授权，代表本级人民政府对国家出资企业履行出资人职责是一般性规定，是普适的。授权其他部门、机构代表本级人民政府对国家出资企业履行出资人职责是特殊规定，仅在"需要"时采用，不应被扩大解释，理解为公共管理部门可以履行出资人职责，这与本法第六条的精神不符。 • 第十二条至第十五条规范了履行出资人职责的机构的基本权利义务，包括行使出资人权利、履行出资人职责，以及对本级人民政府负责、对国有资产的保值增值负责的框架性规定，这也成为国资监管机构履职的基本规定

续表

章节	相关条款	要点分析
第四章 国家出资企业管理者的选择与考核	**第二十二条** 履行出资人职责的机构依照法律、行政法规以及企业章程的规定，任免或者建议任免国家出资企业的下列人员： …… **第二十七条** 国家建立国家出资企业管理者经营业绩考核制度。履行出资人职责的机构应当对其任命的企业管理者进行年度和任期考核，并依照考核结果决定对企业管理者的奖惩。 …… **第二十九条** ……企业管理者，国务院和地方人民政府规定由本级人民政府任免的，依照其规定。履行出资人职责的机构依照本章规定对上述企业管理者进行考核、奖惩并确定其薪酬标准	• 本章是对国资监管机构"管人"权责的基本设定。 • 对于独资公司的董事、监事、高级管理人员和控股、参股公司的董事、监事有任免或提名的权责。同时，除任免外，考核、奖惩并确定薪酬标准也是监管机构履行"管人"权责的重要方面。 • 还应注意的是，"管人"权是可分的，即便一些依法依规由各级人民政府任免的人员，监管机构仍然能对其考核、奖惩和确定薪酬标准，这一点不因任命者是人民政府而改变。同时，还应根据考核结果，提出相应任免建议。 • 监管机构应正确处理和国有企业董事会之间的关系，应由企业董事会任命高管，除特殊情况，应该将相关的"管人"权放给董事会，而不应"越位"管理，否则可能造成机制混乱，降低企业经营效率
第五章 关系国有资产出资人权益的重大事项	**第三十一条** 国有独资企业、国有独资公司合并、分立，增加或者减少注册资本，发行债券，分配利润，以及解散、申请破产，由履行出资人职责的机构决定。 **第三十三条** ……。由股东会、股东大会决定的，履行出资人职责的机构委派的股东代表应当依照本法第十三条的规定行使权利	• 本章是对国资监管机构"管事"和"管资产"权责的基本设定。 • 企业的合并、分立等重大事项，根据企业属性，分为由国资监管机构决定，以及监管机构通过委派的股东代表在股东会、股东大会上表决。这是由企业法人治理结构决定的，与《公司法》相关规定相衔接，表明监管机构履行出资人职责、行使出资人权益与普通股东是基本一致的。 • 企业的重大事项，根据企业重要程度不同分为由国资监管机构决定，以及监管机构报经本级人民政府批准。即对一些重要企业的重大事项决策，还应向政府审批。对于此类事项，国资监管机构虽不能直接决定，但也应向政府提出可靠的依据，帮助政府正确决策

续表

章节	相关条款	要点分析
第五章　关系国有资产出资人权益的重大事项	**第三十四条**　……应当由履行出资人职责的机构报经本级人民政府批准的重大事项，履行出资人职责的机构在作出决定或者向其委派参加国有资本控股公司股东会会议、股东大会会议的股东代表作出指示前，应当报请本级人民政府批准。…… **第三十九条至第五十七条**	• 应注意的是，对上述法定的需通过监管机构决定的事项，是法定职权，不能对外授权，这在制定放权清单过程中应特别注意。 • 第三十九条至第五十七条规定的企业改制、与关联方的交易、资产评估及国有资产转让等重大事项，监管机构相应权责应制定详尽落实措施，确保法律规定实施到位
第六章　国有资本经营预算	**第六十一条**　国务院和有关地方人民政府财政部门负责国有资本经营预算草案的编制工作，履行出资人职责的机构向财政部门提出由其履行出资人职责的国有资本经营预算建议草案	• 由监管机构向财政部门提出由其履行出资人职责的国有资本经营预算建议草案，是"公共管理职能"与"国有资产出资人职能"分离的直接体现。需要分别建立弥补市场失灵的公共财政账户和承担国有资产保值增值职能的国有资产财政账户，国有资本经营预算建议草案由监管机构提出，就是要与一般公共预算适当分离。其实质性意义在于，它能够保证国有资产独立运营，避免国有资产收益被公共财政所挤占；与此同时，政府只对国有资产承担有限的财产责任，不再承担无限责任，如动用公共财政资金对国有企业进行补贴等

表 5.4　《企业国有资产监督管理暂行条例》相关要点分析

章节	相关条款	要点分析
第一章　总则	**第四条**　企业国有资产属于国家所有。国家实行由国务院和地方人民政府分别代表国家履行出资人职责，享有所有者权益，权利、义务和责任相统一，管资产和管人、管事相结合的国有资产管理体制	• 第四条中定义的国资管理体制，将"管资产和管人、管事"凝聚成一个整体，表明国有资产出资人职责权益是不可分、不可削弱、不可混同的有机体。需明确的是，当前推动"管资本为主"的国资管理体制建设，也是以"管资产和管人、管事"为基础的，二者并非冲突和重构的关系，而是在原有基础上强化资本布局、运作、收益等职能的"升级"

续表

章节	相关条款	要点分析
第一章 总则	**第六条** 国务院,省、自治区、直辖市人民政府,设区的市、自治州级人民政府,分别设立国有资产监督管理机构。国有资产监督管理机构根据授权,依法履行出资人职责,依法对企业国有资产进行监督管理。 企业国有资产较少的设区的市、自治州,经省、自治区、直辖市人民政府批准,可以不单独设立国有资产监督管理机构。 **第七条** 各级人民政府应当严格执行国有资产管理法律、法规,坚持政府的社会公共管理职能与国有资产出资人职能分开,坚持政企分开,实行所有权与经营权分离。 国有资产监督管理机构不行使政府的社会公共管理职能,政府其他机构、部门不履行企业国有资产出资人职责	• 第六条第一款,是对国资管理体制的组织机构的一般性规定。第六条第二款,是对"企业国有资产较少"情况的特殊规定,而且只对地市一级"独设立国有资产监督管理机构"有豁免。因此,设置国有资产监管机构监管国有企业,应被视为法定正规形式,其他监管是一种在层级较低、资产较少情况下适用的简化形式。 • 第七条规定,与《国资法》相对原则的规定相比没有"授权其他部门、机构"的提法,也就是更为严格明确。也就是说,国务院对于国资监管体制的要求,是更为纯粹的政企分离、政资分离
第二章 国有资产监督管理机构	**第十二条** 国务院国有资产监督管理机构是代表国务院履行出资人职责、负责监督管理企业国有资产的直属特设机构。 省、自治区、直辖市人民政府国有资产监督管理机构,设区的市、自治州级人民政府国有资产监督管理机构是代表本级政府履行出资人职责、负责监督管理企业国有资产的直属特设机构。 上级政府国有资产监督管理机构依法对下级政府的国有资产监督管理工作进行指导和监督。 **第十三条至第十五条**	• 第十二条规定了国有资产监督管理机构"直属特设机构"的性质。并规定"上级政府国有资产监督管理机构依法对下级政府的国有资产监督管理工作进行指导和监督",即确定了国资监管系统上下贯通的体系结构。 • 第十三条至第十五条分别规定了国资监管机构的主要职责、主要义务和对需向本级政府汇报的安排,较《国资法》是更为具体的安排。 • 应注意的是,国务院国有资产监督管理机构可以制定企业国有资产监督管理的规章、制度,这是面向全体"企业国有资产"而非"所出资企业"的职责

续表

章节	相关条款	要点分析
第三章 企业负责人管理	**第十六条至第十九条**	• 与《国资法》第四章"国家出资企业管理者的选择与考核"所规定的内容相比，本章规定并没有更为详细，而是作出了更为简略的规定。这是由于，本法规是专门指向"监管"的，而非对国有资产事项的整体安排，因此基于国有企业视角，关于董事、监事、高级管理人员任职资格、交叉任职的各种限定未在本法规中体现。但本法规中的相关规定，与《国资法》在精神上是完全一致，在具体内容上也是完全衔接的
第四章 企业重大事项管理	**第二十条至第二十六条** **第二十七条** 国有资产监督管理机构可以对所出资企业中具备条件的国有独资企业、国有独资公司进行国有资产授权经营。 被授权的国有独资企业、国有独资公司对其全资、控股、参股企业中国家投资形成的国有资产依法进行经营、管理和监督。 **第二十八条** 被授权的国有独资企业、国有独资公司应当建立和完善规范的现代企业制度，并承担企业国有资产的保值增值责任	• 与《国资法》第五章"关系国有资产出资人权益的重大事项"第一节"一般规定"的内容较为相似，但并未对企业改制、与关联方的交易、资产评估等重大事项进行详细规定，这也是由国资监管视角专门立法的性质决定的。 • 但是，本章对国资监管机构的一些职责要求，如第二十五条"配合有关部门做好企业下岗职工安置等工作"、第二十六条"调控所出资企业工资分配的总体水平"等，并未在《国资法》中规定，但却是监管职能的重要延伸。 • 本法规关于国有资产授权经营的规定，需要我们重点理解。一是在本章规定，意味着这是一项"企业重大事项管理"内容，并不涉及监管体制的调整，仅仅是事项方面的安排；二是授权范围，要被授权企业"具备条件"，授权载体是被授权企业也拥有股权的企业，授权客体是这些载体中"国家投资形成的国有资产"的经营监管；三是被授权企业仍然受到国资监管，被授权后是相关载体中的国有资产经营监管被授权了，而被授权企业本身的国有资产的经营监管还是在国资监管机构手中，没有被授权；四是授权的结果是"一级企业"或"集团公司"减少，而被监管国有资产数量并没有减少

续表

章节	相关条款	要点分析
第五章　企业国有资产管理	**第二十九条至第三十二条**	● 对产权界定、产权登记等监管机构的资产管理工作进行了较详细列举，详细办法需要国务院国资委进行更细致的规定
第六章　企业国有资产监督	**第三十三条　国有资产监督管理机构依法对所出资企业财务进行监督，建立和完善国有资产保值增值指标体系，维护国有资产出资人的权益**	● 在《国资法》规定的多元主体的国有资产监督基础上，规定了监管机构国资监督的重点是对财务进行监督，并给出了相关目标和路径

（三）"1+N" 文件体系

自 2015 年起，中共中央、国务院颁布实施指导意见深化国有企业改革，确立了国企改革 "1+N" 文件体系。《中共中央 国务院关于深化国有企业改革的指导意见》作为 "1"，在国企改革中发挥引领作用，用 "N" 个配套文件强化各项改革之间的协同配合。"1+N" 文件体系涉及分类推进国有企业改革、完善现代企业制度、完善国有资产管理体制、发展混合所有制经济、强化监督防止国有资产流失、加强和改进党对国有企业的领导、为国有企业改革创造良好环境条件诸多方面的改革事项，发文级别也从中央、国家意见到各部委的规范性文件不等。又由于一些国资委规章规范性文件也是 "1+N" 文件体系组成部分，本小节以 "管资本为主" 为主线分析国有资产监管方面的文件，其他国资委规章规范性文件在下一个小节进行分析。基于国资监管法治化的有关问题，对相关文件要点分析如表 5.5 所示。

（四）国资委规章和规范性文件体系

国资委自成立之初，就十分重视规章规范性文件的建设工作。国资委首任主任李荣融曾在 2011 年年末接受《21 世纪》专访时说："我特别珍惜我在任期间出台的这 23 个规章和 193 个规范性文件，这也是我们理论探索、实践探索的结晶。"截至 2024 年 6 月，经广大国资人长期不懈探索，积极开展国资监管规章规范性文件立改废释工作，已形成包含现行有效规章 26 件、公开规范性文件 205 件在内的较为完备的体系，涉及规划发展、财务监管与运行评价、产权管理等 13 个方面，为国资监管工作顺利开展提供了重要的制度保证。

实际上，国资委整套规章和规范性文件都是国资监管法治化的成果与体现，具有很强的操作性，系统体现出履行国有资产监管职责的措施方法。本部分研究无法面面俱到遍历每一方面监管工作的法治化轨迹，而且一些工作在"专业化"的部分也有相应研究，在此仅对其中的具有先导性的国资委法治机构建设问题，以及最具代表性的企业法治建设问题着重分析，如表 5.6、表 5.7 所示。

表 5.5　国企改革"1+N"文件体系国有资产监管相关要点分析

文件名	相关条款提要	要点分析
中共中央国务院关于深化国有企业改革的指导意见	**一、总体要求** （二）基本原则 ——坚持增强活力和强化监管相结合。 （三）主要目标 ——国有资产监管制度更加成熟，相关法律法规更加健全，监管手段和方式不断优化，监管的科学性、针对性、有效性进一步提高，经营性国有资产实现集中统一监管，国有资产保值增值责任全面落实。 **四、完善国有资产管理体制** （十二）以管资本为主推进国有资产监管机构职能转变。 （十三）以管资本为主改革国有资本授权经营体制。 （十四）以管资本为主推动国有资本合理流动优化配置。 （十五）以管资本为主推进经营性国有资产集中统一监管	●作为新时期国企改革纲领，本意见指出了增强活力和强化监管的有机统一关系，国有企业做强做优做大，离不开国有资产监管制度的成熟完善，二者统一于国有资产保值增值这一主要目标。 ●本意见给出了完善国有资产管理体制的基本方向——以管资本为主。这一部分的四条要求，体现了管资本为主实现的基本路径。当时新一轮改革刚刚开始，一些提法还没有成熟方案和相关经验，不少提法是开创性的，需在实践中进一步探索验证

续表

文件名	相关条款提要	要点分析
中共中央国务院关于深化国有企业改革的指导意见	**八、为国有企业改革创造良好环境条件** （二十七）完善相关法律法规和配套政策	• 本意见认为完善相关法律法规和配套政策是国有企业顺利展开的重要外部环境，要求加强国有企业相关法律法规立改废释工作，以及相关政策的完善落实，可见包含完善国资管理体制在内的新一轮国企改革是法治的，是要完善国家治理体系和提升国家治理能力的
国务院关于改革和完善国有资产管理体制的若干意见	**二、推进国有资产监管机构职能转变** （三）准确把握国有资产监管机构的职责定位。 （四）进一步明确国有资产监管重点。 （五）推进国有资产监管机构职能转变。 （六）改进国有资产监管方式和手段。 **五、协同推进相关配套改革** （十四）完善有关法律法规	• 着重申明国资监管机构"直属特设机构""依法履行出资人职责""专司国有资产监管"的定位，在此基础上明确了一系列监管职能、重点和手段，涉及国资监管的各方面重点工作。而且其中特别强调了"大力推进依法监管，着力创新监管方式和手段"。 • 对完善有关法律法规的要求，本意见更加明确，提出了企业国有资产法修订、适时废止全民所有制工业企业法等具体要求
国务院国资委以管资本为主推进职能转变方案	**一、总体要求** （二）基本原则。 ——坚持依法监管。 **二、调整优化监管职能** （一）强化管资本职能，落实保值增值责任。 （二）加强国有资产监督，防止国有资产流失。 （三）精简监管事项，增强企业活力。 **三、改进监管方式手段** （一）强化依法监管。 **四、切实抓好组织实施**	• 提出按照有关法律法规规定，建立和完善出资人监管的权力和责任清单的要求，即将法律法规的规定在工作中具体、详细地贯彻落实。 • 调整优化监管职能相关规定整体体现了职权法定、规范行权的要求。 • 要求国资委严格依据《公司法》《国资法》《监管条例》等法律法规规定的权限和程序行权履职。体现出法律之间的衔接，即无论监管还是公司治理都是要依法办事的。 • 要求国资委积极适应职能转变要求，及时清理完善涉及的国有资产监管法规和政策文件。 • 清单中精简的国资监管事项，集中体现出国资委按照深化简政放权、放管结合、优化服务改革的要求，依法履行职责

续表

文件名	相关条款提要	要点分析
国务院国资委关于以管资本为主加快国有资产监管职能转变的实施意见	**一、以管资本为主转变国有资产监管职能** （三）改进监管方式，从习惯于行政化管理转向更多运用市场化法治化手段。 **三、优化管资本的方式手段** （十）实行清单管理。 **四、强化管资本的支撑保障** （十六）完善制度体系，强化法治保障	● 从总体要求、重点措施、主要路径、支撑保障四个维度，以管资本为主加快推进国资委监管职能转变。配合《国务院国资委授权放权清单（2019 年版）》，从具体落实角度全方位贯彻了国家发布的相关意见的要求。 ● 提出坚持权由法定、权依法使，严格依据法律法规规定的权限和程序行权履职。特别是通过法人治理结构履行出资人职责，将监管要求转化为股东意志，保证了监管相关法规与《公司法》等法律要求的有效衔接，表现出新时代监管法治化特征。 ● 按照权责法定原则，明确履职重点，厘清职责边界，保证清单权力规范运行。 ● 不仅要积极参与法律法规的修订、完善规章，还要加强规范性文件合法性审查，进一步拓展了制度体系的范围
国企改革三年行动方案（2020—2022 年）	**六、形成以管资本为主的国有资产监管体制** （二十四）聚焦管资本深化国资监管机构职能转变。 （二十五）优化管资本的方式手段。 **七、推动国有企业公平参与市场竞争** （三十）深化政企分开、政资分开	● 国企改革三年行动是此前三年对于"1+N"政策体系的落实，是具体施工图。是可衡量、可考核的，一定要落实，一定要向社会各方有明确的交代。当前已完满收官，预期成果达成。 ● 形成以管资本为主的国有资产监管体制，就是要进一步提高国资监管的系统性、针对性、有效性。方案条目规定与此前文件提法基本一致，政策得到很好延续，并在三年中取得了显著成效。 ● 在深化政企分开、政资分开的条目中，文件特别强调了法律法规规定和国务院授权，还涉及与行使公共管理职能部门的关系，可见依法监管和依法行政共同在依法治国中占有重要位置

表5.6 国资委法治机构建设文件相关要点分析

文件名	相关条款提要	要点分析
国务院国有资产监督管理委员会立法工作规则	第一章 总则 第二章 立法计划的编制 第三章 法律、行政法规的起草 第四章 规章的制定 第五章 附则	●国资委于2003年3月正式成立，当年7月便发布了本规则，可见将立法作为委内先导性、基础性工作，其重要性不言而喻。 ●规则明确指定国资委的法制工作机构为政策法规局，负责对委内立法工作进行统一规划、指导、协调，统一拟订年度立法计划，体现出立法工作的系统性、严肃性、严谨性。 ●规则共5章47条，特别对规章的制定进行了细致的规定，论证、修改和审查等程序安排严密，对绝大多数情况给出了具体处置办法
国资委规范性文件制定管理办法	第一章 总则 第二章 起草 第三章 合法性审核 第四章 审议与公布 第五章 监督管理 第六章 附则	●早在2008年，国资委就根据相关法律法规和政策出台了规范性文件制定暂行办法，本办法在此基础上，于2020年根据新形势、新变化进行了进一步完善。 ●本办法对制定规范性文件应坚持职权法定原则等进行了明文规定，同时增加了"严格执行党中央、国务院有关精简文件的要求"等符合新形势特点的规定。 ●各章和条目划分依据制定规范性文件的标准流程确定，相关条目更为具体详细，效率性和执行性大大加强
关于依法行权履责进一步加强法治机构建设的实施意见	一、加强依法行权履责的重要性、紧迫性和总体要求 二、加强国有资产监管立法和制度建设 （三）完善国有资产监管法规体系。……要进一步完善国有资产出资人制度，……；进一步完善国家出资企业制度，……；进一步完善国有资产统一监管制度，……。 （四）健全立法机制。 （五）加强规章、规范性文件清理。 三、坚持依法科学民主决策	●本意见是2010年国资委最早系统推进法制机构建设的指导性文件，共5个部分12条，现行有效。本意见较为简短，但对关键工作有很明确的规定。 ●当时尚无"管资本为主"要求，提出以加强法治机构建设为目标，以完善国有资产监管法规体系和制度为先导，以坚持依法科学民主决策、规范国有资产监管权力运行、强化依法行权履责监督机制为着力点，全面推进国资委依法行权履责工作，有很强的指导意义。 ●立法和制度建设的重点内容是关于出资人、企业和统一监管三个方面

续表

文件名	相关条款提要	要点分析
关于依法行权履责进一步加强法治机构建设的实施意见	**四、严格规范行权履责行为** **五、强化依法行权履责的监督机制**	• 要求围绕完善国有资产监管法规体系，通过科学民主决策，做好规章、规范性文件的立法和修订、废止工作，同时要求强化执行和监督。 • 明确指出国资委依法履行出资人职责的行为不具有具体行政行为的性质。那么可以推断，国资委依法行权履责应归于民事法律调整范围
国务院国资委推进国资监管法治机构建设实施方案	**一、总体要求** **二、主要任务和具体措施** （一）依法全面履行国有资产监管职责。 （二）完善国资监管法规制度体系。 （三）推进决策科学化、民主化、法治化。 （四）强化对权力的制约和监督。 （五）依法有效化解矛盾纠纷。 （六）全面提高机关工作人员法治思维和依法监管能力。 **三、组织保障和落实机制**	• 主旨是根据"管资本为主"要求，突出新时代"加强党风廉政建设"等方面特点，深入推进依法监管，加快建设国资监管法治机构，成为下一阶段推动国资监管法治机构建设的引领性方案。 • 方案规定，要建成权责法定履职规范国资监管法治机构，为实现国有资产保值增值、国有企业做强做优做大提供有力法治保障，原则包括坚持政企分开、政资分开、权由法定、权依法使、规范履职等。 • 规定了6方面24条主要任务和具体措施，并标明了每一条任务措施落实责任主体，部分条目明示了年内完成的短期任务，长短结合、主体明确，极具执行性。 • 除了对上文实施意见的细化，还特别加入了"全面提高机关工作人员法治思维和依法监管能力"的任务和"加强机关法治工作队伍建设"的落实机制，将法治观念和素养作为干部考察和任职考虑的重要内容，加强教育培训和运用实践。体现了国资委法治机构建设向纵深推进的趋势，人、事两手抓，法治工作更加系统

表 5.7　企业法治建设文件相关要点分析

文件名	相关条款提要	要点分析
国有企业法律顾问管理办法	**第一章　总则** **第二章　企业法律顾问**	• 2004 年，按照"建立机制、发挥作用、完善提高"的总体思路，出台本办法，在搭建起国有企业法律工作人员和组织班底基础上，确定了主要职责及汇报和检查机制，为国有企业法律工作奠定了基础。本办法是国有企业法治化的起步和基础制度

文件名	相关条款提要	要点分析
国有企业法律顾问管理办法	**第三章　企业总法律顾问** **第四章　企业法律事务机构** ……	• 明确了国有资产监督管理机构负责指导企业法律顾问管理工作，并加强对所出资企业法制建设情况的监督和检查。 • 后续出台了国有企业法律顾问岗位等级资格管理的办法和实施要求，进一步完善了企业法律顾问制度
中央企业法律纠纷案件管理办法	**第一章　总则** **第二章　组织职责** **第三章　管理机制** ……	• 在 2005 年出台的《中央企业重大法律纠纷案件管理暂行办法》基础上进行了进一步完善，是一套对法律纠纷案件这一较为常见风险的防范机制，也是对企业法律顾问制度的进一步完善。 • 国务院国资委负责指导中央企业案件管理工作，建立健全法律、监督、追责等部门协同工作机制，加强对案件处理、备案等情况的监督检查，强化对重大案件的指导协调和督办，并负责指导协调中央企业之间发生的重大案件，承担了非常重要的职能
关于加强中央企业国际化经营中法律风险防范的指导意见	**一、高度重视国际化经营中法律风险防范工作** **二、切实加强国际化经营法律风险防范机制制度建设** **三、深入做好境外投资并购的法律风险防范** **四、努力防范国际贸易领域法律风险** **五、妥善处理境外投资和贸易中的重点法律问题**	• 本意见针对企业国际化经营中的法律风险日益凸显，风险防控和涉外案件应对工作亟待加强的状况出台，是对中央企业做好境外法律风险防范的重要指导。 • 在要求高度重视和加强机制制度建设的同时，对常见的各类国际化经营中的风险防范要点给出了明确提示和处理方法，具有很强的操作性。 • 体现出国资委根据环境变化，针对新出现的重要法律风险不断完善制度体系。如采取在《中央企业境外投资监督管理办法》中专设"境外投资风险管理"一章，出版《一带一路沿线国家法律风险防范指引》系列丛书等措施，帮助企业进一步防范国际经营法律风险
关于全面推进法治央企建设的意见	**一、总体要求** （三）总体目标。到 2020 年，中央企业依法治理能力进一步增强，依法合规经营水平显著提升，依法规范管理能力不断强化，……。 **二、切实增强依法治理能力**	• 本意见为中央企业新时期法治工作指明了方向——建设法治央企。努力推进"一个升级、两个融合、三个转变、五个突破"。 • "一个升级"，就是法治工作从专项业务工作向全面覆盖、全员参与的全局性、战略性工作升级

文件名	相关条款提要	要点分析
关于全面推进法治央企建设的意见	**三、着力强化依法合规经营** **四、进一步加强依法规范管理** **五、加强组织领导**	• "两个融合"，就是法治工作与企业中心工作深度融合，法律管理与企业经营管理深度融合。 • "三个转变"，就是法治建设从主要依靠总法律顾问推动，向企业主要负责人切实履行第一责任人职责转变；法治工作从法律部门单兵作战，向企业各部门协同配合、共同参与转变；法律管理从以风险防范为主，向风险防范、合规管理和法律监督一体化推进转变。 • "五个突破"，就是促进企业完善法人治理实现新突破，保障企业依法合规经营实现新突破，推动企业依法规范管理实现新突破，完善法律管理职能实现新突破，加强法治工作队伍建设实现新突破
中央企业主要负责人履行推进法治建设第一责任人职责规定	**第五条**　党委（党组）书记在推进法治建设中应当履行以下主要职责：…… **第六条**　董事长在推进法治建设中应当履行以下主要职责：…… **第七条**　总经理在推进法治建设中应当履行以下主要职责：……	• 本规定是推动《关于全面推进法治央企建设的意见》落地的关键举措，抓住企业主要负责人这个"牛鼻子"，带动相关工作系统铺开。 • 对中央企业党委（党组）书记、董事长和总经理在推进法治建设中应当履行的职责进行明确，推动法治央企建设目标的落实落地。 • 通过述职、考核、检查督查等手段，推动企业主要负责人切实履行企业法治建设第一责任人职责
关于进一步深化法治央企建设的意见	**一、总体要求** （一）指导思想。……，为加快建设世界一流企业筑牢坚实法治基础。 （三）总体目标。"十四五"时期，中央企业法治理念更加强化、治理机制更加完善、……，为企业深化改革、高质量发展提供更加有力的支撑保障。 **二、着力健全法治工作体系**	• 本意见是国资委站在"十四五"新发展阶段起点上，总结"十三五"时期央企法治建设实践，布局未来五年央企法治建设接续奋斗的纲领性文件。 • 充分考虑了新时代中央企业改革发展特点及内外部环境，紧扣实现一个目标、健全五大体系、提升五大能力、落实四项保障措施的总体思路，对"十四五"时期持续深化央企法治建设作出全面部署

续表

文件名	相关条款提要	要点分析
关于进一步深化法治央企建设的意见	三、全面提升依法治企能力 四、保障任务顺利完成	• 体现了继承性和创新性。继承性，就是全面总结长期以来央企法治建设之有效的好经验好做法，坚持"治理完善、经营合规、管理规范、守法诚信"。创新性体现在，一是提出法治工作世界一流的新目标，二是提出合规管理、主动维权和数字化管理等方面的一系列新措施，三是提出一系列更加可操作和可量化的新指标。为下一步企业深化改革、高质量发展提供更加有力的支撑保障
中央企业合规管理指引（试行）	第一章　总则 第二章　合规管理职责 第三章　合规管理重点 第四章　合规管理运行 ……	• 本指引于 2018 年发布，是全面推进法治央企建设的组成部分，是《关于全面推进法治央企建设的意见》中"进一步加强依法规范管理"的进一步深化。 • 明确国资委负责指导监督中央企业合规管理工作，企业年度合规管理工作情况和重大风险事件需向国资委报告。 • 明确中央企业各主体的合规管理职责，要求加强对重点领域、重点环节、管理人员、重点人员和海外投资经营的合规管理，完善合规管理运行和保障。 • 早在 2016 年，国资委就印发了《关于在部分央企开展合规管理体系建设试点工作的通知》，将中国石油、中国移动等 5 家企业列为合规管理体系建设试点单位。在试点经验基础上，本指引更具实操性。 • 2018 年，发改委、外交部、国资委等 7 个部门联合发布《企业境外经营合规管理指引》，推动企业持续加强国际化经营中的合规管理和相关风险控制
中央企业合规管理办法	第一章　总则 第一条　为深入贯彻习近平法治思想，落实全面依法治国战略部署，深化法治央企建设，……。 第四条　国资委负责指导、监督中央企业合规管理工作，对合规管理体系建设情况及其有效性进行考核评价，依据相关规定对违规行为开展责任追究	• 在总结《中央企业合规管理指引（试行）》实践经验的基础上，结合企业面临的新形势新要求发布本办法，仍是深化法治央企建设的重要组成部分。 • 强化党的领导，强调应当将党的领导贯穿合规管理全过程。明确企业党委（党组）合规管理相关主体职责。构建了业务及职能部门、合规管理部门和监督部门合规管理"三道防线"职责。进一步明确了国资委的考核评价和责任追究职责

续表

文件名	相关条款提要	要点分析
中央企业合规管理办法	**第二章　组织和职责** **第十二条**　中央企业应当结合实际设立首席合规官，……。 **第三章　制度建设** **第四章　运行机制** **第二十八条**　中央企业应当将合规管理作为法治建设重要内容，纳入对所属单位的考核评价。 **第五章　合规文化** **第六章　信息化建设** ……	• 较之前加强了对建立健全合规管理制度体系、全面规范合规管理流程、积极培育合规文化、加快推进合规管理信息化建设等方面的要求。 • 设立首席合规官既有利于进一步明确合规管理职责、落实责任，统筹各方力量更好地推动工作，也展现了中央企业对强化合规管理的高度重视和积极态度，对推动各类企业依法合规经营具有重要示范带动作用。 • 对合规管理信息化建设专章作出规定。世界一流企业之所以合规管理做得好，一个重要原因就是充分运用大数据、人工智能等现代科技手段，因此专章对合规管理信息化建设作出规定。 • 2022 年是中央企业合规管理强化年，国资委印发《关于开展中央企业"合规管理强化年"工作的通知》《关于加强中央企业合规管理有关事项的通知》等文件，并召开专题工作会议部署推动。各企业以贯彻落实本办法为主线，取得积极进展和明显成效。"合规管理强化年"确定的 44 项重点任务，近九成完成率达 70% 以上，28 项超过 90%，既定任务基本完成，预期目标顺利实现，中央企业依法合规经营管理水平明显提升

第三节　近年国资监管法治建设取得的成就

构建法治化国有资产监管体系，根本是要立足于完善以管资本为主的国资监管体制，在相关法律法规框架下紧扣国资监管职责和时代要求，聚焦依法监管和依法治企，持续完善法规制度，健全工作体系，面向提升能力强化保障落实。总体上，可将国资监管法治化取得的重要成就归纳为以下三个方面。

一是将立法作为先导性、基础性工作，加强国资监管制度体系建设。制定《国务院国有资产监督管理委员会立法工作规则》《国资委规范性文件制定管理办法》等制度，坚持立改废释并举，着力健全完善涵盖国资监管各业务领域的规则制度。截至 2024 年 6 月，国务院国资委已形成包含现行有效规章 26 件、公开规范性文件 205 件在内的较为完备的体系，涉及规划发展、财务监管与运行评价、产权管理等 13 个方面，为国资监管工作顺利开展提供了重要的制度保证。

二是深入推进依法监管，强调运用法治化方式行权履职。以加强法治机构建设为目标，先后实施《关于依法行权履责进一步加强法治机构建设的实施意见》《国务院国资委推进国资监管法治机构建设实施方案》，坚持依法科学民主决策，规范国有资产监管权力运行，强化依法行权履责监督机制，全面推进国资委依法行权履责。在对监管职能实施清单管理的基础上，印发《国务院国资委关于以管资本为主加快国有资产监管职能转变的实施意见》《中央企业董事会工作规则（试行）》《股权多元化中央企业股东会工作指引（试行）》等文件，更加注重以产权为基础、以资本为纽带，依靠公司章程，通过法人治理结构履行出资人职责，将监管要求转化为股东意志。

三是推动企业法治工作向全局性、战略性工作升级。建立完善企业法律顾问制度，帮助企业有效防范国际经营等重点领域法律风险。实施《关于全面推进法治央企建设的意见》《关于进一步深化法治央企建设的意见》，提出世界一流法治工作的目标，推进法治工作与企业中心工作深度融合，法律管理与企业经营管理深度融合。推动企业主要负责人切实履行企业法治建设第一责任人职责，为企业深化改革、高质量发展提供更加有力的支撑保障。实施《中央企业合规管理指引（试行）》《中央企业合规管理办法》等规范，加强对重点领域、重点环节、管理人员、重点人员和海外投资经营的合规管理，完善合规管理运行和保障。设立首席合规官，进一步明确合规管理职责、落实责任，统筹各方力量更好地推动工作。

第四节 构建法治化国有资产监管体系相关建议

第一，深入开展国资监管重大立法研究。加强《国资法》和《监管条例》两部国资监管根本法律法规依据的长期深入研究。经常性召开座谈会、研讨会，广泛听取委内单位、地方国资监管机构和权威专家学者观点，争取各界支持，形成成熟系统性意见建议向上报送。

第二，积极参与国家重点立法工作。有力支持《公司法》《企业破产法》《反垄断法》等国家计划内，与国资国企关系紧密的重要法律修改。应注重发挥自身优势，在国资国企系统开展深入调查研究，总结实践经验，充分反映国资监管系统和广大国有企业的意见建议。

第三，加快推动《企业国有资产基础管理条例》起草。推动包括产权界定、产权登记、资产评估管理、清产核资、资产统计、综合评价等6项《监管条例》规定的国有资产基础管理工作标准化规范化，为形成国资系统上下一致的高效监管模式奠定法规基础。

第四，持续抓好规章规范性文件的改废释工作。根据"1+N"文件体系相关要求，围绕科技创新、董事会建设等重点领域出台规范性文件（含党内法规制度），严格进行合法性审查。持续开展规范性文件实施情况的检查评估，及时修改或废除不符合当前形势的文件，将运行成熟、效果良好的规范性文件上升成为规章，通过规章对相关工作进一步提出明确要求。

第五，整理汇编和系统组织规章规范性文件。系统梳理国资监管规章规范性文件，形成完备的规章制度体系，及时更新网站信息发布和编撰规章规范性文件汇编。在此基础上，结合习近平法治思想和依法治国相关要求，编印教材，将各章节条款转化为更加易懂、便于记忆运用的内容，附相关应用指导和实操案例，以便加强全系统学习培训，加快提升队伍素质。

第六，系统推动行权履责于法有据。全方位落实《公司法》《国资法》《监管条例》和国资委"三定"规定的职责权限。对各厅局现行工作体系（不限于规章制度）开展合法性审查，推动全系统不断完善各类法律法规和文件要求落实落地的举措，避免在履行出资人职责和国资监管工作中出现缺位、错位和越位问题。

第七，紧密结合履行出资人职责与履行国资监管职责。改变带有行政化色彩的履职方式，以管资本为主转变国有资产监管职能要通过履行出资人职责在企业落地。重视公司章程的基础性作用，（参与）制定修改公司章程时注重依法保护国资权益。全方位健全外部董事选任、薪酬、考核及工作沟通机制，通过法人治理结构依法落实出资人意志。

第八，强化国有资产监督追责工作。充分发挥业务监督、综合监督、责任追究三位一体的出资人监督工作闭环优势，持续完善国资委监督追责工作体系。严肃开展监督问责，用好约谈、提示函和通报工具，健全"以案促管"长效机制，形成合规管理工作闭环。对造成国有资产损失或其他严重不良后果的严肃追究责任，重大决策终身问责。探索在国有企业贯彻落实"三个区分开来"重要要求的路径，建立健全容错机制，以清单方式明确免责的范围。

第九，大力夯实企业法律顾问和首席合规官制度。法律顾问制度是国有企业法治基础性制度，由于企业法律顾问执业资格已于2014年被取消等一系列变化，相应规章制度也应及时调整，完善法律管理职能，以便更好地促进企业依法经营和防范法律风险。推动首席法律顾问和首席合规官制度在企业进一步落实落地，在经营决策应审必审的基础上，不断提升合法合规性审核质量。要求首席合规官全面参与重大决策，加强对重大经营事项的审核把关，对违规情形"一票否决"。

第十，强化境外法律风险防范，保障国际化经营。近年来，随着国际经济环境日趋复杂化，国有企业在开展境外经营和投资中面临着越来越大的法律风险。联合各家企业加强对近期情况研究梳理，提示重要风险点，编印典型案例集，更新法律风险防范处置操作指引。指导以贸易为主业和长期海外经营的中央企业，针对重点国家和地区，按国别设置海外企划战略机构负责综合窗口业务，帮助各企业防范化解含法律风险在内的各类风险困难。

第十一，落实企业主要负责人认真履行企业法治建设第一责任人职责。通过述职、考核、检查督查和问责等手段，使企业主要负责人切实发挥"关键少数"作用，强化合规意识，严格依法依规决策，把法治建设作为谋划部署全局工作的重要内容。对法治建设工作中的重点难点问题，亲自研究、亲自部署、亲自协调、亲自督办，把各项工作纳入法治化轨道。

第十二，推动法治工作与企业经营管理深度融合。促进法律（合规管理）部门要与业务及职能部门、监督部门紧密配合、协同运作，不断健全各方面规章制度及清单管理，将依法合规要求嵌入经营管理各领域各环节。在各部门推行兼职法律专员（合规管理员），加强各项重要工作中的依法合规审核，有效防范、及时处置相关风险。

第十三，以一流的法治工作保障世界一流企业建设。将法务管理对标工作纳入企业对标世界一流管理提升行动，综合分析国际大企业优秀实践，指导企业立足行业特点、发展阶段、管理基础等，归纳世界一流企业法务管理要素和指标，有针对性地规划具体提升措施，努力补齐短板，加快提升依法合规经营管理水平，为打造世界一流企业提供有力支撑保障。

第十四，加强法治工作队伍建设。要求企业建强法律（合规）管理机构，配备与规模和需求相适应的法治工作队伍，为企业法治建设提供基础的组织和人才保障。畅通职业发展路径，完善专业人才序列，通过培训和实战不断提高法律合规人员专业能力水平。加大企业法律专业领导干部培养选拔力度，推进符合条件的法律专业人才进入领导班子。特别重视涉外法治人才培养，大型国际化经营企业要投入充足资源，组建一支能与世界一流企业法务人员同台竞技的高素质法治工作人才队伍。

第十五，坚持法治文化引领。深入学习宣传习近平法治思想，要以习近平法治思想根本遵循和行动指南，构筑国有企业法治文化建设新高地。要求领导干部带头学法、知法、用法，运用法治思维和法治方式深化改革推动发展。将法治学习作为入职学习、职业培训、继续教育的必修课，广泛深入学习与企业经营管理和员工切身利益密切相关的法律法规。采用多种形式进行企业法治宣讲宣传，提高全员对法治工作的知晓率和认可度，营造企业良好的法治氛围。

第十六，在新一轮国企改革深化提升行动中发挥法治工作的保障作用。抓好优化国有经济布局结构涉及的企业兼并收购业务重点环节、重点领域的依法合规风险防控，制定相应措施严防严控国有资产流失。通过法律方式促进中国特色国有企业现代公司治理更加成熟定型，依法制定实施公司章程，确保各治理主体依法行权履责，通过合法合规性审查和重大风险评估提升治理有效性。将风险排查作为国有企业科技创新的体制机制改革的必经程序和关键举措，确保加快打造创新型国有企业的进程依法合规。

第六章 ▶▶▶▶▶

高效化监管重点任务研究

国资监管的高效化涉及众多内容。从"管事"层面考虑,当前,世界百年未有之大变局加速演进,科技创新成为国际竞争和大国博弈的主战场。科技自立自强不仅是发展问题,更是生存问题。因此,国资监管在推动科技创新上必须发挥重要作用,我们从"举国体制"和"战略联盟"两个角度对此问题加以讨论。从"管人"层面考虑,国企领导干部是国资监管与国有企业联结最为紧密的部分,是监管的"牛鼻子",无论何时都不能忽视。我们将从"干部考核"和"干部教育"两个角度加以探讨。

第一节　推动中央企业在新型举国体制中发挥更大作用

(一) 举国体制的发展演进

党的十九届四中全会和《中共中央 国务院关于新时代加快完善社会主义市场经济体制的意见》等文件进一步提出,要"构建社会主义市场经济条件下关键核心技术攻关新型举国体制"。新中国成立 70 多年来,举国体制在我国重大科研项目中被广泛采用,取得了"两弹一星"、载人航天等举世瞩目的重大成就。进一步完善举国体制,是我国发挥政策优势,有效应对当前和今后严峻国际竞争形势的必然选择。一方面，"十四五"时期新一轮科技革命和产业变革深入发展，各类智能技术更加系统化，需要国家力量整合研发资源，占领国际竞争中的科技"制高点"；另一方面，新冠疫情后以美国为首的西方国家对我国高科技企业极限施压，有可能在高科技领域与中国脱钩。因此，亟须国家大力推动关键核心技术实现重大突破，进入创新型国家前列。

实际上，举国体制并非我国独创，而是被世界各国普遍使用。如二战期间美国"曼哈顿计划"就被总统罗斯福授予"高于一切的优先权"，在人力、物力、财力方面的投入近乎没有上限，由此集中了当时几乎全部获得诺贝尔物理学奖和化学奖的优秀科学家，历时 3 年，60 万人参与，动用 1.47 万吨白银，消耗全美一半电力。随后美国的"星球大战计划"，日本的超大规模集成电路赶超，韩国的半导体产业逆周期操作，美国、英国、法国、德国、日本和中国六国联合开展的人类基因组计划等，都是在举国体制下开展的。甚至可以说，第三次工业革命中的最重大的技术进步，都是各国举国体制推动的产物。

除实践支持外，举国体制也有深厚的理论依据。比较优势和国家创新系统等理论，都有通过国家力量调集资源支持科技研发的主张。哈佛大学教授波特提出的国家竞争优势理论为举国体制提供了最直接的支持。该理论认为，国家的繁荣是创造出来的而不是继承而来的，以劳动成本或天然资源为优势的产业，往往会因科技的快速发展而很快失去竞争力，一国产业要获得竞争优势就必须持续加强研发投入，特别是在高新技术产业中，政府干预下的大规模研发投入将转化为强力持久的国家竞争优势。

新型举国体制在市场经济环境下运行，应更加突显以下几方面特征：其一，要聚焦关系国家安全和国民经济命脉的重要行业和关键领域的关键核心技术；其二，要进一步强化企业创新主体地位和主导作用；其三，要以市场为导向，并注重技术研发和转化应用；其四，要有效整合各方力量，包括企业、大学、科研机构等组织，科学统筹、优势互补、利益共享、风险共担；其五，要区别于计划经济下的举国体制，充分发挥市场在资源配置中的决定性作用，同时更好发挥政府作用。

（二）中央在新型举国体制中发挥主导作用的必要性

党的十九届五中全会提出，坚持创新在我国现代化建设全局中的核心地位，把科技自立自强作为国家发展的战略支撑，并要求完善科技创新体制机制。新型举国体制是我国完成推动经济体系优化升级、构建新发展格局等一系列任务的重要环节。中央企业必须在其中发挥主导作用，上承国家战略，中联合作伙伴，下接市场需求，成为整个体制运作的核心载体。

中央企业在新型举国体制中发挥主导作用，是由其性质和使命决定的。一方面，以中央企业为代表的国有企业是社会主义制度的坚实物质基础，是社会主义经济制度的根本保证，还是高质量发展的主力军、建设现代化经济体系的排头兵和建设创新型国家的突击队。我国作为后发国家，为尽快缩小与发达国家的差距，必须要以中央企业主导新型举国体制。另一方面，中央企业作为各关键产业的龙头，近年来科技创新投入不断加大，创新成果也在不断涌现，国家科学技术进步奖奖项中，特等奖基本上都是中央企业获得的，因此有能力主导新型举国体制。

中央企业在新型举国体制中发挥主导作用，是借鉴后起国家以大企业为主导实现技术赶超的经验结论。20 世纪 80 年代，日本和韩国半导体产业崛起，都是在以大企业为主导的举国体制推动下实现的。在日本通商产业省的引导下，东芝、日立、NEC 等企业先后牵头组建了多个半导体和计算机的研发联合体，迅速实现了对美国半导体产业的技术赶超。韩国政府依托三星、现代内存（现更名为海力士）等财阀企业，对芯片研发进行大规模联合投入，在一些领域迅速超过了日美同行。而美国的应对措施，仍然是 AT&T、IBM 和英特尔等大企业主导的联合研发投资。在我国，中央企业作为各行业研发实力最强的领军大企业，自然要担负起主导新型举国体制的重任。

中央企业在新型举国体制中发挥主导作用，是当前技术进步客观规律的要求。一方面，技术前沿发展方向的不确定性增强，需要在大企业主导下敏捷调整。我国的关键核心技术很多已处于世界前沿，无法再沿着确定的方向按照"瀑布模型"追赶，而是要进行快速的原型开发、试错调整，这正是企业更擅长的工作方式。另一方面，技术综合性与片段化的特点凸显，即技术必须集合形成技术标准才有更强的竞争力，而技术标准所需的必要的知识产权又分散掌握在不同主体手中，在此情况下，传统科技计划封闭的开发模式并不经济，因此需要在大企业主导下整合。

中央企业在新型举国体制中发挥主导作用，是充分发挥市场在资源配置中的决定性作用的体现。一方面，新型举国体制需要通过市场化方式调集全社会创新资源，其中涉及大量的知识产权和股权交易，甚至有跨国并购，传统研发机构很难操作，需要大企业的商务、财务和法务等专业团队力量。另一方面，新型举国体制下的研发成果需要在市场上高效率转化，这涉及中间产品转化、成果检验与迭代创新、与国外企业或技术标准进行动态博弈等一系列复杂的市场行为，研发与转化的进程交叉并行，只能依靠大企业成熟的动态管控系统。

（三）推动中央企业在新型举国体制中发挥更大作用的建议

新型举国体制本质上是制度创新，需要在深化顶层设计的基础上形成新的制度框架，并不断完善相关配套机制。我们就此提出以下几方面建议：

首先，围绕国家战略需求，打造一支中央企业科技创新的尖兵队伍。一要优化尖兵队伍的布局，在芯片、5G、高端装备制造、医药、新材料等重要产业中，选择或新设一批具有在国际上并跑领跑研发能力的中央企业（含子企业），作为主导新型举国体制建设的政策载体。二要针对尖兵队伍扎实推进"科改示范行动"走深走实，深化市场化改革，重点在完善公司治理、市场化选人用人、强化激励约束、激发科技创新动能等方面取得创新突破。三要使创新要素向尖兵队伍集聚，通过划拨、混合所有制改革和资本运作等方式使各企业具有足够规模，以支撑高素质人才队伍、充足的创新投入和先进的研发设施等基础条件。四要坚持和加强党的领导，充分发挥中央企业的政治优势，健全党管干部、党管人才的机制，大力弘扬国企精神，凝聚起关键核心技术攻关的磅礴伟力。

其次，根据新时代企业科技创新的特点，完善新型举国体制运作模式。一要增强企业内部创新驱动力，构建"大企业、小团队"组织架构，授予各团队更多自主权限和更大的试错空间，在企业家精神驱动下通过自我决策激发员工创新动力。二要构建灵活高效的协同研发体系，适应分布式研发网络的要求，充分利用数字化技术搭建协同研发平台，特别是支持性"中台"系统，达到科研项目"贯穿"与"整合"的目的。三要逐步打造开放的创新生态系统，通过交互式的技术情报体系，搜集、发布和讨论技术前沿和趋势信息，并通过"众包研发""挑战赛""创新社区"等新型研发模式联结全社会创新力量。四要不断做优做大技术转化平台，通过风险投资、创新孵化和内部创业等多种形式推动研发成果多角度广泛商业化，使研发、转化和再投入形成良性循环。

再次，有效整合全国优势研发资源。中央企业主导新型举国体制要解决的首要问题，就是各方面科技力量自成体系、分散重复，整体运行效率不高。例如，当前在我国高端芯片被"卡脖子"的危机下，全国掀起"造芯热潮"，各地都在加快项目上马，同时不少地方半导体项目却纷纷停摆、破产，武汉弘芯甚至抵押了国内唯一的 7nm 光刻机，很重要的原因就是未能有效整合全国研发资源，形成集中攻克技术难关的合力。解决这一问题，需要加快构建国资监管大格局、形成国资监管一盘棋，通过上下贯通、协调配合的全国国资监管系统，将分散的力量整合在一起。一方面，要在"十四五"全国国有资本布局与结构战略性调整规划中，在重点产业突出央地合作和不同所有制的合作，以国有资本为抓手形成科技研发的资本合力，避免盲目投资和无序竞争。另一方面，要在"十四五"中央企业总体规划纲要中，突出中央企业在协同创新中的主导作用，通过股权和契约等方式，加强与相关企业、大学、研究所、国家重点实验室等的合作关系，科学统筹更丰富的研发资源，共同攻克关键核心技术难关。

最后，更好发挥政府作用，形成政策合力，建立新型举国体制运行的长效机制。当前政府部门的科技管理各自为政，只能对创新进行"撒胡椒粉式"的面上支持，未能做到"对症下药"式的精准扶持。还有一些针对国有单位的僵化政策，严重束缚了科技创新活动。解决这些问题，一要从最高层构建新型举国体制的领导体制，由党中央、国务院出台相关政策法规，国务院国资委牵头组成跨部门执行机构，协调解决研发过程中的各种困难，如涉密军工技术信息和稀缺资源获取等。二要争取和整合多个部门的支持政策，如财政部门的资金支持、科技部门的项目支持、发改部门的审批支持及税务部门的减免税支持等，使政策的引导支持作用在新型举国体制中形成合力。三要优化涉及新型举国体制的管控政策，如以往涉及中央企业的工资总额限制、退休年龄限制和绩效考核限制等，在新型举国体制下应考虑予以豁免，协调各部门加以灵活调整，建立更符合科技创新规律的新型管控体系。

第二节　进一步加强产业技术创新战略联盟建设

2016 年 4 月，习近平总书记在网络安全和信息化工作座谈会上的讲话指出："一些同志关于组建产学研用联盟的建议很好。比如，可以组建'互联网+'联盟、高端芯片联盟等，加强战略、技术、标准、市场等沟通协作，协同创新攻关。"产业技术创新战略联盟（以下简称联盟）是一种典型的产学研用联盟，对完善我国科技创新组织体系具有重要作用。"十三五"期间国资委已出台相关政策，支持中央企业打造联盟等产业技术协同创新平台，加大协同创新力度［《科技部 国资委印发〈关于进一步推进中央企业创新发展的意见〉的通知》（国科发资〔2018〕19 号）］。

（一）联盟在国外的发展

联盟是由企业、大学、科研机构或其他组织机构，以企业的发展需求和各方的共同利益为基础，以提升产业技术创新能力为目标，以具有法律约束力的契约为保障，形成的联合开发、优势互补、利益共享、风险共担的技术创新合作组织。联盟最初由日本发起，是一项提高本国企业创新能力和国际竞争力的重要产业科技政策。20 世纪 70 年代后，日本半导体等行业为了在技术上赶超美国，由通商产业省发起组建了超过 200 个大型企业研发联合组织，在国家产业发展战略指导下联合开展技术攻关，为日本经济迅速增长贡献了重要力量。特别是 1976 年，日本政府拨款 300 亿日元，与富士、日立等企业共同投资组建了超大规模集成电路（VLSI）联盟，成功实现对美国的技术赶超，引发了世界半导体行业的贸易战与产业重组。紧跟日本步伐，韩国政府也引导三星、现代等财阀企业成立了 100 多家联盟，在随机存储器等方面实现了多项技术突破。日韩半导体联盟的崛起，一度使美国半导体产业处于溃败边缘。为应对这一状况，美国政府于 1987 年拨款 1 亿美元，引导 IBM、AT&T 等巨头组建半导体制造技术联盟，解决了大量共性技术问题，帮助美国夺回全球半导体行业的领导地位。20 世纪末，半导体产业与当今 5G 等产业的国际竞争非常类似，都需要国家力量作为支撑，联盟也仍是控制产业竞争制高点的最有力武器。

受上述过程启示，20 世纪 90 年代以提升国家竞争力为目标的创新系统理论应时而生，对各国产业科技政策产生了重大影响。该理论核心观点认为，实现科技创新需要企业、政府部门、科研院所、创业资本等诸多类型主体的合作与交互，只有通过这些合作关系网络把科技创新的各种要素连接起来，才能形成有效推动科技创新的有机系统。然而，科技创新过程中涉及诸多异质性行为主体，利益诉求和行为模式差异很大，彼此很难实现合作，需要政府牵头加强各主体间的联系。这就要求政府把多主体的合作关系作为资助重点，大力建设创新创业平台和联盟等网络节点组织，通过这些网络节点把各种参与主体联结起来，实现整个创新系统的良好运转。国家创新系统的目标是帮助本国企业在全球竞争中获取或保持优势地位，因此联盟等节点组织的核心必须是现实或潜在的"世界冠军"企业。同时，联盟等节点组织需要体现国家战略，代表国家利益，因此政府投资企业（在我国即国有企业）特别适合成为其中的主导。

进入 21 世纪以来，每年新增联盟数目呈稳步上升趋势，全球 500 强中欧美跨国公司平均每家有 60 个以上的联盟关系，且每年快速递增，尤其在高科技行业内。在生物医药、电子信息和新能源等产业中，以美国企业为主导的联盟发挥着巨大影响。如

2016 年由帕克癌症免疫治疗研究所主导，联合制药巨头辉瑞、朱诺等企业和多家世界著名研究所、大学组成的"帕克联盟"，已通过控制相关专利，确立了癌症 T 细胞免疫疗法的全球领导地位。应注意的是，当前国外联盟多涉及跨国合作，越来越体现出核心企业主导和商业化运作的特点。各国政府则更多在"后台"补贴本国企业研发活动，已很少出现在联盟运行的"前台"。我国联盟虽多由政府部门组织成立，但基于联盟发展的全球趋势判断，由核心企业，特别是处于行业技术领先地位的中央企业主导并商业化运营，将促进联盟更好的发展。

（二）我国联盟发展的状况及需求

我国的联盟事业起步于 2002 年 TD 和闪联产业联盟成立，随后半导体照明和 WAPI 产业联盟等迅速成立并发展。2006 年年初，国务院提出以建立企业为主体、产学研结合的技术创新体系为突破口，全面推进中国特色国家创新体系建设的深化科技体制改革指导思想（《国家中长期科学和技术发展规划纲要（2006—2020 年）》）。随后科技部、国资委等六部委于 2007 年成立了推进产学研结合工作协调指导小组，将在若干领域构建联盟作为工作重点，发布相关政策［《关于推动产业技术创新战略联盟构建的指导意见》（国科发政〔2008〕770 号）］并推动了钢铁可循环流程联盟等大型联盟构建。2010—2013 年，科技部先后公布了 3 批 150 家联盟试点，其中大唐电信、中国移动、中国电子等中央企业牵头或参与组建的占 80%，联想、海信、长虹等很多地方国有企业都是联盟核心成员。

国家在"十三五"期间发布的一系列重要文件，如《中共中央 国务院关于深化体制机制改革加快实施创新驱动发展战略的若干意见》《中国制造 2025》《"十三五"国家科技创新规划》和《中共中央 国务院关于新时代加快完善社会主义市场经济体制的意见》等，都明确提出要发挥联盟的作用。特别是新修订的《中华人民共和国促进科技成果转化法》第二十六条规定"国家鼓励……技术创新联盟等产学研合作方式"，将联盟提升为法定的国家创新系统重要组成部分。联盟作为产学研深度融合的创新组织形态，已成为我国技术创新体系的重要支撑。"十三五"期间，我国联盟积极围绕产业链构建技术创新链，针对产业技术创新中"卡脖子"的关键共性问题组织联合攻关，取得了一系列重要成果。如半导体照明产业联盟引领了产业技术的跨越式发展，使我国成为全球最大的半导体照明生产、应用和出口国；TD 产业联盟有力推动了移动物联网和"互联网+"等技术快速发展，极大增强了中国移动互联网标准的国际影响力和话语权。在此期间，中央企业在高铁、5G 和北斗导航等方面突破的一批重大关键技术，很多都是发挥联盟作用协同完成的。

"十四五"时期，世界主要国家对移动互联、大数据、高端芯片等产业中技术标准和产业链主导权的争夺将日趋激烈，技术创新多点突破和交叉融合趋势将更加明显，产业技术创新的协同共享与开放不断加深，联盟将逐步向深层次、紧密化、实体化方向发展。但我国联盟在规模和影响力方面与发达国家相比仍有差距，必须进一步加快发展，通过更有效的协同创新提高产业国际竞争力。当前，应进一步重视联盟在"持续转型升级、加速科技创新"中的作用，通过各种措施支持鼓励中央企业加强联盟建设。"十四五"期间，中央企业要始终坚守科技创新骨干力量的使命担当，聚焦国家重大战略需求提升创新能力，突破关键核心技术瓶颈。除了激发内生动力，还要积极落实习近平总书记"探索建立新型举国体制"的要求，特别要通过联盟的方式打造平台，加强产业技术创新协同共享与开放。

（三）我国联盟发展中的主要问题

"十三五"期间，国资委领导中央企业积极推动联盟建设，催生了一大批科技创新成果的同时，在联盟运营方面也取得了一定的经验和成绩。但当前我国一些联盟尚未深入贯彻深化科技体制改革要求，作为核心成员的国有企业未发挥主导作用，不能按市场化原则活动和充分调动资源，无法有效提升产业技术创新能力。具体问题包括以下几方面：

首先，联盟组织松散，无法有机整合成员的创新资源。当前，多数联盟是松散的契约型组织，没有法人身份。2014年相关统计表明，北京中关村的90余家联盟中，75%以上未进行法人注册。由于法律地位不明，联盟不能按照企业和社团等机构身份进行正常民事行为，甚至无法收取会费和对外签订合同，因此诱发许多矛盾纠纷。而一些注册为"社团法人"的联盟负责人认为，作为专业化、轻型化的社团组织，联盟对成员单位的约束力很弱，不能像企业一样正规运作。这使联盟失去了整合成员创新资源的凝聚力，无法组织成员围绕产业技术创新关键问题开展稳定合作。

其次，联盟成员利益诉求不一致，未能形成协同行动模式。在联盟成员中，企业注重能直接转化的商业化创新，而研究机构（包括大学）更关心学术成果，这种目标分歧是产学研结合最大的障碍。如果成果转化利益被企业吸收，研发机构成员创新投入将得不到合理补偿，会因激励缺失导致创新动力不足。国外联盟通常采用的解决方法是建立专利分成等相对公平的内部交易规则，保障研究机构成员的利益，由此将目标统一到商业化创新上。但我国一些联盟尚未注重成果的商业化推广，不能建立公平的补偿机制，使企业和研究机构成员都没有足够动力开展联合创新。

再次，联盟业务结构以承接国家科研项目为主，活动缺乏连续性。我国一些大型科研项目会采用总分包模式，总包单位负责项目中最关键的工作，并协调各分包单位活动。许多联盟建设之初就是要作为总包方承揽科研项目，但受限于自身科研能力，无法承担实际工作而成为转包方或中介，作用发挥十分有限。实践中，国外联盟除科研项目承接和组织外，还大量开展规划产业技术发展、促成知识产权许可与转让、运营产业技术标准和专利池等日常业务。但我国许多联盟往往忽视了此类产业技术创新中急需的日常业务，失去了产生持续和广泛影响的机会。

最后，联盟创新融资渠道不畅通，难以大规模利用社会资金。多渠道增加对技术研发的投入，是我国各产业技术发展的普遍要求。国内外实践表明，除企业投资和国家科技项目投入外，风险投资基金是集中社会力量支持产业技术创新最重要的渠道。风险投资不仅在美国推动了电子信息、新能源和生物医药产业的高科技革命，而且作为全世界高科技创业的主要投资者，已成为产业创新发展不可或缺的力量。但我国一些联盟当前没有建立对接机制，也尚未满足技术创新成果尽快商品化、产业化的要求，因此不能打通风险投资的融资渠道。

（四）推动中央企业加强联盟建设的建议

"十四五"期间，国资委应进一步支持中央企业打造协同创新平台，加强联盟建设。中央企业需要解决当前我国联盟发展中的主要问题，在联盟平台上通过协同创新实现高质量发展，培育更强产业竞争力。我们就此提出以下几方面建议：

首先，在国有资本重点布局的产业中，对已有或新设联盟投资，设立实体化公司。实践中，我国运行时间最长、影响力最大的几家联盟都是企业化运营的。如2005年12月，闪联8家成员公司联合出资5200万元，设立闪联信息技术工程中心有限公司（企业法人），有偿提供共性基础技术支持、闪联标准配套技术研发及闪联标准方案授权等服务，不仅推动了闪联标准的商业化，而且保障了闪联技术研发的资金来源。反观2018年度联盟活跃度评价报告，"运行基本停滞"的联盟都未成立实体组织。鉴于此方面经验，中央企业应联合联盟核心成员，向联盟注入资金、实物资产和知识产权，设立研发型高科技企业。这样不仅能使联盟可调动资源更多，而且能使成员关系转化为利益清晰的股东关系，更利于联盟按市场化规则开展协同创新活动。

其次，搭建联盟成果转化平台，以商业利益为纽带统一成员行动目标。实践中，运行活跃的联盟更善于通过成果转化所产生的商业利益，来整合产业内技术创新力量。如半导体照明产业技术创新战略联盟于 2012 年 1 月成立了半导体照明联合创新国家重点实验室，在此基础上建设了成果转化平台，通过核心成员企业自带"干粮"（人、项目、资金）盘活研究机构的人才和设备等资源，以"抱团取暖"方式共同开展技术研发。该平台转化成果包括，向 LED 灯具制造企业转化了智能化灯具技术，在北京、常州和珠海等地孵化了多家照明产品和可穿戴设备技术公司等。鉴于此方面经验，中央企业应在联盟内搭建商业化的成果转化平台，不断开拓转化市场，使联盟成为有品牌效应的"转化公司"，并以转化效益公平补偿研发机构成员。

再次，依托联盟运营产业技术标准和专利池，抢占国际产业技术竞争制高点。随着国际产业竞争"技术专利化、专利标准化、标准许可化"的趋势不断深入，联盟技术标准和相关专利池直接关系整个产业的国际竞争力。如 TD 产业联盟成立之初就积极完善 TD-SCDMA（3G）技术标准，集合成员专利构建专利池；2014 年 4 月又成立了我国首家移动技术专利公司，以市场化机制运作 TD-LTE（4G）标准和专利池，实施内部交叉许可并妥善处理了与高通等跨国公司的专利纠纷，促进了我国移动通信行业的迅猛发展。在当前激烈的国际竞争环境下，中央企业应依托联盟牵头制定产业技术标准，大力建设和运作相关专利池，并根据产业技术发展趋势持续改进，以期迅速提高我国产业技术创新和专利战中的协同能力。

最后，推动联盟融资平台建设，完善风险投资对接机制，打通多元化融资渠道。当前，很多产业技术创新亟须资金注入，一些联盟也开展了多渠道融资活动，但对社会资金，特别是风险投资基金的利用尚不成熟。如城市生物质燃气产业技术创新战略联盟建立了投融资平台，吸引地方政府、企业、银行和基金投资，实现平台募集资金匹配国家科技经费；医疗器械产业联盟注重科技金融作用，在种子基金的引导下积极对接各类投资，并帮助符合条件的企业上市融资。根据这方面经验，中央企业应在联盟商业化运作基础上，推动完善相关机制与合同架构，通过资产证券化等方式广泛吸引社会风险投资。同时，由于联盟较全面地掌握了产业技术信息，聚集了产业内关键知识产权，国有资本投资公司及下属基金应主动加量对接，使投资更有利于我国产业技术的快速发展。

第三节　完善国有企业负责人经营业绩考核体系

企业负责人经营业绩考核是国资监管的"牛鼻子"，关系国企改革发展方向和大局。面对当前进一步中央坚定不移做强做优做大国有企业、充分发挥国有经济主导作用和战略支撑作用、加快建设世界一流企业等要求，必须不断完善国有企业负责人经营业绩考核体系。且由于各地区国有企业经营领域特点等方面差异很大，考核实施需要因企制宜，应进一步加强对考核问题的理论和实践研究，推动工作有效开展。

（一）国有企业负责人经营业绩考核概况

国有企业负责人经营业绩考核对落实国有资本保值增值责

任、引导国有企业做强做优做大有不可替代的作用。自2003年国务院国资委成立，即发布了《中央企业负责人经营业绩考核暂行办法》（国资委2号令），各地方国资委普遍参照该办法制定了具体规定。20多年来，国务院国资委曾结合实际多次修改该办法，最终于2019年3月发布了强化高质量发展导向的《中央企业负责人经营业绩考核办法》（国资委40号令）进一步健全考核指标体系，深化功能分类考核，突出服务国家战略、创新驱动和深化改革。为对党的十八大以来各项国企改革重大举措的再深化，2020年6月，中央全面深化改革委员会第十四次会议审议通过了《国企改革三年行动方案（2020—2022）》，第三十三条要求"对不同类别业务实行核算和分类考核"，第四十三条要求通过以较长周期客观综合评价功过等"激励企业领导人员担当作为"。根据这些要求，各级国资委近年不断探索优化国有企业负责人经营业绩考核体系，引领企业从高速增长转向高质量发展。

2022年7月，国务院国资委发布了2021年度和2019—2021年任期中央企业负责人经营业绩考核结果，国资委对中国一汽、招商局集团等46家任期业绩优秀企业和航天科技、航空工业集团等28家科技创新突出贡献企业进行了通报表扬。此次考核更加突出高质量发展、服务"国之大者"、创新激励保障、深化改革与统筹发展和安全等鲜明导向。2021年实现利润总额2.4万亿元、净利润1.8万亿元，较2018年分别增长42.4%、49.3%，三年平均增速分别为12.5%、14.3%，2021年研发经费投入超过9400亿元，较上年增长18%以上。但调查表明，对照国企改革三年行动的要求，各地方国资委对国有企业负责人经营业绩的考核存在一些普遍难点，本书针对该调研中集中反映的难点问题提出相应解决建议。

（二）考核实施难点问题

其一是业务分类问题。对商业一类、商业二类和公益类企业需设置不同的考核重点。但是，重要的大型国有企业基本上是多元化经营企业集团，下级公司众多，同一集团旗下公司有可能是不同类型的商业类甚至是公益类企业，按主营业务性质分类并不能全面反映企业业务类别，因此准确划分业务类别是考核实施难点之一。部分调研受访者认为，可以按照国资委确定的企业主业划分企业功能类型，但这也仅适用于基本指标选择和整体权重划分，难以确定指标的基准值。

这一难点在经济增加值（EVA）计算中有明显体现。相对于传统的财务绩效指标，EVA 考虑了权益资本成本，能更准确地反映公司创造价值的能力。但是，在考核实施中，股权资本成本这一核心参数难以确定，因为理论上影响股权资本成本的因素非常复杂，企业战略、环境、财务、运营等诸多变化都会即时导致股权资本成本波动。商业一类和二类的股权资本成本不同，如果以商业二类为主业的央企集团有大量商业一类的二级公司，以商业二类的较低资本成本来计算集团整体 EVA，显然有失公允。即便从各业务模块入手，自下而上"汇总"集团考核指标，这样虽然可保证集团层面考核体系的完备性，且指标基准值计算准确，但工作量很大，还容易导致指标体系过度膨胀，不符合重要性原则。特别是在分类指标的筛选上，各子公司重点任务和行业特点差别较大，很难识别哪些分类指标在集团层面是重要的。

其二是指标设置问题。即便明确具体业务分类，科学准确地设置分类指标和社会效益指标难度也很高。商业二类企业分类指标需体现企业承担国家安全、国家重大专项任务完成情况，而公益类企业社会效益指标需体现公益性业务完成情况和保障能力。调研受访者普遍反映，与以往侧重行业特点和管理短板的分类指标设置不同，准确设置分类指标和社会效益指标难度很大。

难点有以下四方面。首先是综合度，国有企业负责人经营业绩考核指标要求高度凝练，一般每家企业基本指标和分类指标各只有两项。当前考核内容增加，但受资源约束指标数量无法大量增加，指标综合度要求更高。其次是可获得性，社会效益、国家安全和重大任务等方面的指标很难用企业现有的财务或市场数据计算。新的考核办法需要以新的数据获取方式来支撑。再次是结果数量化，"完成情况"和"能力"两个指标通过具体数值表现出来较困难。需在结合各企业实际准确定义的基础上，对信息进行更多技术处理，才能显示为一个合理数值。最后是考核导向性，一些分类指标和社会效益指标并不是"越高越好"。如体现保障能力的"保障系数"过高，则会造成资源闲置浪费。

其三是柔性调整问题。全面深化国企改革要求切实破除包括刚性业绩考核在内的体制机制障碍，增强企业经营活力。有别于以往以严格按期初确定标准考核并兑现奖惩为主导的刚性考核，当前各地在考核中，普遍开展期初与企业沟通考核目标，期中动态监控完成情况，期末就考核结果征求企业意见的做法。这体现出在研究人的心理和行为规律的基础上，采用非强制性方式的柔性管理特点，不少调研受访者都希望监管机构在考核中探索更多柔性的方式，进一步放大企业经营自由度。

这是由于，一方面，刚性业绩考核会导致企业短期行为，抑制创新战略布局。当市场上关键变量发生较大利空波动时，面对刚性考核，国企往往倾向于采取短期行为调节指标，这可能在未来将企业逼入更大困境。面对刚性考核，国企很难牺牲指标来谋划布局，占据竞争"制高点"。特别是市场环境快速变化，刚性考核指标更加紧束，导致国企在波动较大的新兴市场上经营困难，于是只能更倾向在传统领域经营。另一方面，刚性业绩考核在国企集团管控中放大风险规避，衍生协同壁垒。上级单位面对刚性考核，向下级单位分配指标时往往保留过多余量，造成业绩考核层层加码形成"牛鞭效应"，使下级单位在业绩重压下经营自由度严格受限。刚性指标在集团内分配，还会造成下级单位之间严格的利益界限，只关注本单位局部经营，不愿为整体让渡局部业绩，导致各业务之间难以形成协同优势。

其四是反馈改善问题。前有计划目标，后有绩效考核，构成一个管理闭环，是考核管理的内在要求。绩效考核既是一个管理阶段的结束，也是下一个管理阶段的开始，有很强的反馈功能。以往国企业绩考核更多地关注考核结果本身，对企业经营业绩诊断与提高方面的反馈功能的发挥较弱，考核结果未被充分利用。当前各地国资委普遍要求考核期末企业形成经营业绩总结分析并上报，体现了对这一问题开始重视，而一些调研受访者也希望国资委以考核为反馈为契机，加强指导企业经营业绩改善。

这是由于，一方面，详细分析考核结果，能够指导企业达成业绩改进的目的。由于考核结果得出后，企业负责人奖惩将据此兑现，以往对结果的详细分析工作往往被忽视，无法实现管理闭环。而只有通过一次次考核闭环反馈，有针对性的业绩改善措施不断被落实，考核管理效果才能显现。另一方面，详细分析考核结果，也可以优化考核体系本身。考核体系具有动态性，要随着企业内外环境变化而不断调整，未紧密切合企业"痛点"的考核效果必然不佳。没有对上一轮考核结果充分分析，则无法在下一轮考核中针对企业关键问题设置指标和基准值。

（三）完善考核体系的建议

一是分离以经济效益考核为主的业务板块。按照"对特殊业务和竞争性业务实行业务板块有效分离"的原则要求，应首先将国企集团中能够主要以经济效益考核的部分分离出来，由 EVA 等传统指标实施考核，剩余部分实施特殊功能考核。由于以经济效益为中心的考核机制比较成熟，在被分离板块能够无障碍实施。分离后剩余部分由于体量较小，功能更纯粹，较容易抓住功能考核重点。对于企业集团中的已上市部分、财务投资部分、非主业部分和主业中非战略重点部分，建议各级国资委适用经济效益指标考核，剩余部分的商业二类或公益类企业另外设置有针对性的考核指标。

此外，建议各级国资委对已上市部分探索使用市值考核指标。市值是上市公司价值的最直接反映，能更加真实全面地揭示企业资本经营运作成果。市场增加值（MVA）是公司市值与累计资本投入之间的差额，表明了一家公司在资本市场上为股东创造的财富。在理论上，MVA 等于未来 EVA 的折现值，与已实现的价值 EVA 相对应，MVA+EVA 反映了企业整体价值提升。近年来，山西省国资委在汾酒集团等上市公司考核中应用该指标，取得了较好的效果。

二是按特点设置分类指标和社会效益指标。商业二类企业体现承担国家安全、国家重大专项任务完成情况的分类指标，以及公益类企业公益性业务完成情况和保障能力的社会效益指标，在性质上与经济效益指标有根本差异。为保证考核的有效性，应按每一类指标的性质和特点进行处理后，再代入考核体系中。

国家重大专项任务集中在科技领域，一般周期较长，结果不确定性大，建议国资委采取间接的方式获取此类指标。也就是说，将发布任务的主体对任务进展情况的意见，作为考核指标的数据来源基础。如计划中某任务没有中间或最终成果，则不纳入考核范围。指标可根据每项任务的重大程度分配权重，计算出重大专项任务完成率加以考核，在基准完成率以上的应予加分奖励。公益性业务完成情况也可参照此类指标，并在评价中引入社会公众打分。

《中华人民共和国国家安全法》规定的多个领域的国家安全任务中，与国资委监管的企业关系最为密切的包括资源能源和粮食安全等。在考核操作层面主要应关注在石油、煤炭、电力、钢铁、有色、粮食储备等几个行业建立充足的安全储备。建议对此类指标，国资委根据国家要求和企业状况设置安全储备量考核基准，因储备太少威胁安全，太多又过度耗费资源，因此达到得满分，超过不加分。公益类企业的保障能力也可参照此类指标设置。

三是在实施各阶段采取柔性管理措施。在当前国企改革进程中完善考核评价和激励机制，既要鼓励创新、表扬先进，也要允许试错、宽容失败。刚性的考核机制已不适应未来国企发展，建议国资委在考核实施各阶段大力加强柔性要素作用发挥。

考核期初，建议国资委基于企业发展战略规划的主要目标，确定经营业绩考核重点，加强一致性审查。指标、基准值与考核方式的确定应与企业深入沟通，基于双方的共识，合理制定考核方案，体现出目标的"内在驱动性"，避免自上而下"压指标"。考核期中，建议国资委开展半年预评估，督促企业完成目标，帮助解决对业绩有重大影响的经营难题。对企业因不可抗力和环境变化导致的损失，以及战略调整等事项，及时调整考核要求。对创新性较强、风险较大的经营举措的失败，可承诺在结果中剔除影响。考核期末，建议国资委听取企业意见，据以调整考核结果。对客观原因造成的业绩低下，在企业负责人已尽职履责的前提下可予以谅解，调高考核分值。也可采取"只扣钱、不扣分"等方式，避免对企业负责人职业生涯造成不利影响。

四是运用考核结果提高经营业绩。国企负责人经营业绩考核的目的是不断提升企业业绩水平，提高企业高效经营能力。建议国资委指导被考核企业，在详细分析考核结果的基础上，有针对性地制定改进措施，并在下一个经营周期中考察实施。通过加强"经营业绩诊断与提高"，使考核工作形成闭环循环，提高考核工作的有效性。

一方面，在形成考核结果后，建议国资委联合企业分析成绩或问题产生的主要原因。对业绩优良的企业，挖掘成功经验加以推广，对结果不理想的企业，在找出关键影响因素的基础上确定改进方向。在此阶段，关键是双方要达成共识，紧密结合战略规划确定企业下阶段的努力方向。在此基础上，由国资委监督企业制定详细的业绩改进行动方案。另一方面，建议国资委根据企业业绩改进行动方案的重点，确定下阶段考核重点，改进考核方案。一个有效的业绩管理系统需要在不断迭代完善中逐渐形成，并使业绩在良性的动态循环中持续提高。对上阶段改进方案重点加强考核，体现了业绩考核工作连续性，有助于企业形成"战略定力"。

第四节 完善国有企业领导干部教育培训

党的十八大以来，以习近平新时代中国特色社会主义思想为根本遵循，干部教育培训工作质量水平显著提升。习近平总书记高度重视干部教育培训工作，围绕干部教育培训发表了一系列重要讲话，有许多重要的指示和批示。全国干部教育培训系统按照习近平总书记相关要求，持续提高师资队伍水平，优化培训课程体系，创新培训教学方式方法，加强党的理论教育和党性教育，办学质量大幅提升。2016 年 10 月，全国国有企业党的建设工作会议之后，国资国企干部教育培训体系实现跨越式发展。国资委大力支持委内干部教育培训机构开展工作，各中央企业和大型国有企业也积极成立党校，着力培养新时代治企兴企的优秀企业家和高素质专业化的经营管理人才。国资国企广泛开展中国特色、国企特点的干部教育培训，对深入学习贯彻习近平新时代中国特色社会主义思想，有效提升领导干部能力素质，推动国资国企高质量发展起到了关键作用。

（一）国资国企干部教育培训的新形势新任务

与党和国家的要求相对照，国有企业干部的本领有适应的一面，也有不适应的一面，因此要通过教育培训增强本领，以胜任领导国资国企发展改革监管和党的建设的艰巨任务。当前，国资国企干部的教育培训需要从以下几个方面取得新的突破：

其一，深入学习贯彻习近平总书记关于国有企业改革发展和党的建设的重要论述精神。国资国企事业要蓬勃发展，就一刻不能没有理论思维，一刻不能没有正确思想指引。习近平新时代中国特色社会主义思想是当代中国马克思主义、二十一世纪马克思主义，习近平总书记关于国有企业改革发展和党的建设的重要论述是其中的"国企篇章"，是国资国企各项工作的根本遵循。通过落实习近平总书记重要论述精神，国资国企工作已实现了全局性、转折性、历史性的重大变化，取得了一系列重大成就，在新征程上我们仍需要不断从中汲取智慧和力量。因此，使广大干部进一步深刻领会和掌握总书记的重要论述，是当前国资国企干部教育培训工作的首要任务。这方面的培训绝不能是浅尝辄止的，而是要推动学员反复学、认真学，做到真学、真信、真用，直到用科学理论武装头脑、指导实践、推动工作。

其二，协同开展国资国企培训。党的十九届中央历次全会提出的"发挥国有经济战略支撑作用""增强国有经济竞争力、创新力、控制力、影响力、抗风险能力"等，涉及众多面上共性问题统筹，"创新驱动发展""国企改革三年行动"等重点任务也要求国资国企系统协同发力。这就要求国资国企的系统意识、全局观念需进一步加强，这也成为干部教育培训体系的一项重点任务。以往国资国企的干部教育培训也是分层的，国家级院校关注央企，各企业党校和企业大学业务也限于本企业，未形成合力，系统性体现不充分。因此，国资国企干部教育机构应进一步加强协同，共同推进工作整合深入，特别是要把党中央、国务院精神和国资委指导更加及时、精准、全面地贯彻到全系统。

其三，深入研究国资国企领域的难点问题。2015 年 12 月，习近平总书记在全国党校工作会议上指出，"只有把一些重大问题从思想理论上搞清楚、弄明白了，党校教育培训才能真正做好"，国资国企干部教育培训系统也必须在理论研究方面有所作为。党的十九届中央历次全会提出"培育具有全球竞争力的世界一流企业""完善中国特色现代企业制度""健全管资本为主的国有资产监管体制"等一系列重大课题，都有待更加深入的研究探讨。这些课题除了要求深厚的理论功底，关键还在于与实践紧密结合，这是一般的社会科学研究机构、大学研究机构的短板，却正是国资国企干部教育培训机构的特色亮点。干部教育培训机构有条件及时学习重要文件和领导讲话，在理论层面与中央精神、国资委的要求高度一致，同时与国有企业一线管理人员保持密切联系，能更顺畅地推动研究成果付诸实践并迭代改进。因此，国资国企干部教育培训机构要把握优势，加强研究工作，努力成为出思想、出成果、出人才的重要阵地。

其四，为国有企业源源不断培养优秀企业家队伍。建设中国特色现代国有企业制度，培育打造世界一流企业，落脚点是培养一批能够担当起责任使命的企业家队伍，一支社会主义的企业家队伍。没有政治过硬、本领高强、专业精深的中国特色社会主义企业家队伍，国资国企事业也就没有了基础。作为国有企业的掌舵人，企业家需要懂技术、善管理、会经营等多元化的素质，面对国企改革和高质量发展的新要求，国有企业家们当前还存在本领恐慌。国资国企干部教育培训系统担负着培养国有企业领导干部、弘扬企业家精神的重要职责，也担负着培养一批能够担当责任使命的社会主义企业家队伍的核心使命。国资国企干部教育培训机构应坚持干什么学什么，缺什么补什么，坚持什么方式管用就用什么方式的思路，进一步激发和弘扬企业家精神，培养优秀企业家。

（二）推动国资国企干部教育培训工作走向深入

国资国企干部教育培训体系应进一步落实国资委党委的部署安排，按照"解放思想、干而论道"的思路整体提高办学水平。解放思想就是要研究新情况，解决新问题，锐意改革，不断推动教学科研、人才队伍、管理服务等各方面工作守正创新。干而论道就是要从实际出发，从国资国企生动实践中提炼形成规律性认识，再通过教学指导和推动实践。具体应抓好以下几方面工作：

首先，深入研究习近平新时代中国特色社会主义思想，讲好首课主课必修课。重点围绕习近平新时代中国特色社会主义经济思想，特别是习近平总书记关于国有企业改革发展和党的建设的重要论述开展研究，为推动国资国企系统纵深学习总书记重要讲话精神提供重要的保障和支撑。在深入研究的基础上持续优化课程内容，打造全国精品课程、热门课，引导学员在课堂中进一步把总书记的重要讲话学习好、领会好。将总书记重要讲话精神相关课程融入各类培训班次，并在网络学习中推广，实现无死角的全面覆盖。将总书记讲话与国有企业先进精神等国资国企特色教学内容有机融合，通过数字化学习体系、主题教室、实物展馆等多样教学形式实现"入脑入心"，推动学员将总书记重要论述精神进一步实践好、落实好。

其次，系统集成教育培训资源，有效服务国资国企改革发展。在国资委党委的大力倡导下，积极邀请委内领导干部授课，包括在国家级平台的重点班次中当面授课和录制网络课程等，将中央精神在系统内尽早传达落实。加强中国企业高管培训发展联盟等平台建设，积极发展联盟成员，构建培训资源共享格局，加快推进联盟师资、现场教学基地、在线课程共享。以建好用好中国干部网络学院企业分院为抓手，推动网络培训实现跨越式发展，扩大教学覆盖面的同时激发学员在线活跃度，持续提供优质教学内容。办好国有企业党校校长负责人和地方国资委负责人等重点班次，引领系统干部教育培训发展趋势，形成国资国企干部共同学习、共同进步的良好态势。

再次，紧紧围绕国资国企中心工作开展研究，提出有价值的思考与对策建议。坚持理论创新，用当代中国马克思主义、二十一世纪马克思主义的原理指导国资国企工作，在国资国企系统推进马克思主义中国化时代化，用习近平总书记重要论述之"矢"去射国资国企高质量发展之"的"。积极承担国资委发布的研究课题，争取高水平高质量的研究成果，上报咨政建议，推动企业改革发展实践。开展企业典型案例征集，及时总结企业各方面优秀经验做法，从鲜活的企业实践中总结凝练公司治理的"中国模式"、企业管理的"中国方案"、企业发展的"中国智慧"。在培训中围绕国资国企重大理论和实践问题，加强与企业经营管理人员交流研讨，构建"带着问题来、带着问题讨论、带着思路甚至方案回去、实践中改进提升"的闭环学习链，推动理论与实践的碰撞和促进。

最后，弘扬企业家精神，为国有企业家的成长提供学习成长平台。与国资委和各企业联合开展国有企业家成长规律的研究，找到国有企业家能力素质、发挥企业家精神的优势和劣势，提出富有中国特色、符合国企实际、顺应时代潮流的国有企业家队伍的培养培育方案。加强"爱国、创新、诚信、社会责任和国际视野"等企业家精神特质方面的课程开发，围绕习近平总书记对国有企业领导人员的"20字要求"进一步完善国有企业家教学培训体系。围绕弘扬国有企业家精神举办专题论坛、研讨会，共同建设具有中国特色、中国风格、中国气派的国有企业家学术体系、理论体系、话语体系。在各类刊物和公共媒体上广泛发文发声，大力宣传优秀国有企业家的先进事迹，不断作出关于国有企业家的理论新概括，营造尊重企业家价值、鼓励企业家创新、发挥企业家作用的浓厚氛围。

REFERENCE ▶▶▶▶▶▶

参考文献

[1] 白英资.深化国企改革 完善国资监管[N].人民日报,2014-06-12(10).

[2] 本书编写组.国企改革若干问题研究[M].北京:中国经济出版社,2017.

[3] 波特.国家竞争优势[M].李明轩,邱如美,译.北京:中信出版社,2012.

[4] 陈宝明,李东红,于良,等.国家产业技术创新战略联盟经典案例[M].北京:人民邮电出版社,2017.

[5] 楚序平,俞立峰,张佳慧.中国国有资本投资运营公司改革模式探析[J].清华金融评论,2017(7):53-56.

[6] 崔新健,欧阳慧敏.中国培育具有全球竞争力的世界一流企业:进展、差距和策略[J].经济学动态,2020(5):28-40.

[7] 丁传斌.地方国有资产监管与运营困境突破[J].南通大学学报(社会科学版),2013,29(2):37-43.

[8] 董大海.中国国有企业基本理论导读[M].北京:人民出版社,2020.

[9] 高惺惟.国有企业改革 40 年[M].石家庄:河北人民出版社,2019.

[10] 郭春丽.国有资产管理体制改革的总体思路和实现路径[J].宏观经济管理,2014(10):18-20,23.

[11] 郭檬楠,吴秋生.国企审计全覆盖促进了国有资产保值增值吗?:兼论国资委国企监管职能转变的调节效应[J].上海财经大学学报,2019,21(1):51-63.

[12] 国电南京自动化股份有限公司党委.国电南京自动化股份有限公司:着力打造创新型国有企业[N].学习时报,2023-05-05(8).

[13] 国务院国资委党委.坚定不移做强做优做大国有企业:党的十八大以来国有企业改革发展的理论与实践[J].求是,2017(12):33-35.

[14] 国务院国资委新闻中心.国务院国资委党委深入学习贯彻习近平总书记关于发展国有经济的重要论述 持续强化党的创新理论武装 确保党中央决策部署在国

资国企落实落地[EB/OL].（2023-09-27）[2024-03-22]. http://www. sasac. gov. cn/n2588020/n2588057/n26823304/n26823341/c28969552/content. html.

[15] 郝鹏.加快实现从管企业向管资本转变 形成以管资本为主的国有资产监管体制[N].学习时报,2019-11-20(1).

[16] 郝鹏.激发各类市场主体活力[J].理论导报,2020(12):12-15.

[17] 郝鹏.弘扬企业家精神,加快建设世界一流企业[J].中国产经,2021(1):57-62.

[18] 郝鹏.充分发挥国有经济战略支撑作用[N].学习时报,2021-03-10(1).

[19] 郝鹏.深入学习贯彻习近平总书记重要论述 新时代国资央企取得历史性成就[N].学习时报,2022-05-27(1).

[20] 郝鹏.新时代国有企业改革发展和党的建设的科学指南[J].求是,2022(13):61-66.

[21] 何威风,陈莉萍,刘巍.业绩考核制度会影响企业盈余管理行为吗[J].南开管理评论,2019,22(1):17-30.

[22] 何召滨.高质量发展导向下的国有企业经营业绩考核体系思考[J].中国管理会计,2020(1):70-85.

[23] 黄劲松.科技政策范式的比较研究[J].自然辩证法研究,2020,36(6):52-56.

[24] 黄群慧.地方国资国企改革的进展、问题与方向[J].中州学刊,2015(5):24-31.

[25] 黄群慧,等.世界一流企业管理:理论与实践[M].北京:经济管理出版社,2019.

[26] 黄群慧,余菁,王涛.培育世界一流企业:国际经验与中国情境[J].中国工业经济,2017(11):5-25.

[27] 黄群慧,张弛,等.新发展格局下的国有企业使命[M].北京:中国社会科学出版社,2022.

[28] 黄少卿,从佳佳,巢宏.研发联盟组织治理研究述评及未来展望[J].外国经济与管理,2016,38(6):63-81,99.

[29] 江剑平,何召鹏,刘长庚.论习近平国有企业改革发展思想的内在逻辑[J].经济学家,2020(6):5-15.

[30] 江涌.当前中国经济安全态势[J].政治经济学评论,2018(4):20-46.

[31] 江宇.习近平总书记关于国有经济的重要论述是一以贯之的[J].毛泽东邓小平理论研究,2021(10):37-40.

[32] 经济合作与发展组织.OECD国有企业公司治理指引[M].李兆熙,译.北京:中国财政经济出版社,2005.

[33] 李红娟.国有科技型企业市场化改革问题与对策研究[J].经济纵横,2021(7):

39-46.

[34] 李天健,赵学军.新中国保障产业链供应链安全的探索[J].管理世界,2022(9):
31-40.

[35] 李曦辉,柳艳红,刘沛.党引领国有经济做强做优做大的历程与逻辑:基于域观
经济理论的视角[J].经济与管理研究,2023(2):3-16.

[36] 李政.中国国有经济70年:历史、逻辑与经验[J].社会科学辑刊,2020(1):
11-18.

[37] 李政.新时代增强国有经济"五力"理论逻辑与基本路径[J].上海经济研究,
2022(1):5-11,26.

[38] 廖红伟,李凌杰.完善国资监管体制与深化国有企业改革协同发展路径研究
[J].内蒙古社会科学,2021(4):112-120.

[39] 刘刚.国有资产管理体制研究综述[J].首都经济贸易大学学报,2003(5):
14-17.

[40] 刘纪鹏.论国有资产管理体系的建立与完善[J].中国工业经济,2003(4):
37-45.

[41] 刘纪鹏.大道无形:公司法人制度探索[M].北京:中国经济出版社,2009.

[42] 刘纪鹏,刘彪,胡历芳.中国国资改革:困惑、误区与创新模式[J].管理世界,
2020,36(1):60-68,234.

[43] 刘纪鹏,赵晓丹.新国资管理体制下国资委该如何定位[N].证券时报,2013-12-
25(17).

[44] 刘青山.六方面推进"大格局""一盘棋"更好落地:专访国务院国资委政策法规
局负责同志[J].国资报告,2019(8):44-47.

[45] 刘青山.从九龙治水到专业"老板"[J].国资报告,2019(8):48-53.

[46] 刘青山.从分业管理到"全国一盘棋"[J].国资报告,2019(10):34-41.

[47] 楼继伟.以"管资本"为重点改革和完善国有资产管理体制[J].时事报告(党委
中心组学习),2016(1):44-59.

[48] 马大明.新时代健全管资本为主的国有资产监管体制研究[J].国有资产管理,
2023(1):19-22.

[49] 覃曼.新形势下全面预算与企业业绩评价的管理研究[J].财务管理研究,
2022(8):121-125.

[50] 盛毅,林彬.地方国有资产管理体制改革与创新[M].北京:人民出版社,2004.

[51] 盛毅.我国国有经济使命变迁历程回顾与"十四五"取向[J].经济体制改革,

2021(3):11-17.

[52] 宋方敏.习近平国有经济思想研究略论[J].政治经济学评论,2017(1):3-24.

[53] 宋方敏.坚持"国有企业做强做优做大"和"国有资本做强做优做大"的统一[J].红旗文稿,2018(2):19-21.

[54] 宋笑敏.习近平关于加强国有企业党的建设重要论述[J].世界社会主义研究,2021,6(10):19-26,113-114.

[55] 孙晓序.《中央企业负责人经营业绩考核办法》修订内容解析[J].财会通讯(上),2017(8):105-107.

[56] 王斌.中国国有企业业绩评价制度:回顾与思考[J].会计研究,2008(11):21-28.

[57] 王立胜,张弛,陈健.习近平关于国有企业论述研究[J].当代经济研究,2020(3):23-30.

[58] 王倩倩."管资本为主"催生自我革命[J].国资报告,2018(1):60-61.

[59] 王曙光,王天雨.国有资本投资运营公司:人格化积极股东塑造及其运行机制[J].经济体制改革,2017(3):116-122.

[60] 王思霓,王彩萍.国有企业提升产业链韧性的历史性成就与规律性认识[J].当代中国史研究,2023(3):93-106,153.

[61] 王一农.国有企业业绩考核体系的研究[J].国有资产管理,2019(9):54-56.

[62] 翁杰明.以管资本为主加快国有资产监管职能转变.国资报告,2019(12):6-9.

[63] 吴军.文明之光[M].北京:人民邮电出版社,2017.

[64] 习近平.坚持党对国有企业的领导不动摇 开创国有企业党的建设新局面[N].人民日报,2016-10-12(1).

[65] 习近平.坚持用马克思主义及其中国化创新理论武装全党[N].人民日报,2021-11-16(1).

[66] 项安波.重启新一轮实质性、有力度的国企改革:纪念国企改革40年[J].管理世界,2018(10):95-104.

[67] 徐朝阳.作为政策工具的国有企业与国企改革:基于预算软约束的视角[J].中国软科学,2014(3):32-44.

[68] 徐欣,郑国坚,张腾涛.研发联盟与中国企业创新[J].管理科学学报,2019(11):33-53,81.

[69] 闫妍,尹力,李晓腾,等.华尔街控制下的美国经济:对我国发展国有资本投资公司的启示[J].管理世界,2015(6):1-7.

[70] 杨鹏,赵连章."大国资"视野下国有资产监管体制的改革与创新[J].东北师大学报(哲学社会科学版),2013(3):58-61.

[71] 杨其静.理解国有经济:产业控制的政治经济学视角[J].学术界,2014(7):19-21.

[72] 杨瑞龙.新时代深化国有企业改革的战略取向:对习近平总书记关于国有企业改革重要论述的研究[J].改革,2022(6):10-19.

[73] 杨新铭.新时代国有经济的理论创新、发展原则与发展方向[J].经济纵横,2021(8):12-19.

[74] 袁东明,陶平生.国有资本投资运营公司的运行与治理机制[N].中国经济时报,2015-01-19(5).

[75] 张宁,才国伟.国有资本投资运营公司双向治理路径研究:基于沪深两地治理实践的探索性扎根理论分析[J].管理世界,2021,37(1):108-127.

[76] 张喜亮,陈慧,张释嘉.废除国资监管机构不可想象[J].现代国企研究,2014(9):52-55.

[77] 张晓文,李红娟.国有资产管理体制的变革:从管理到监管[J].经济与管理,2016(5):44-50.

[78] 张毅.以管资本为主加强国有资产监管[N].人民日报,2015-12-03(8).

[79] 张玉卓.推动国有企业在建设现代化产业体系、构建新发展格局中发挥更大作用[N].人民日报,2023-09-20(9).

[80] 张玉卓.为全面建设社会主义现代化国家开好局起好步作出国资央企更大贡献[N].学习时报,2023-02-17(1).

[81] 张玉卓.在推进中国式现代化建设中谱写国资央企新篇章[N].学习时报,2023-08-7(1).

[82] 赵尔军.国企负责人经营业绩考核制度变迁及展望[J].财会通讯(上),2013(9):20-22.

[83] 周建军.比较视野的"大国资"监管:国家能力、监管机制与实践借鉴[J].政治经济学评论,2013(1):161-180.

[84] 周建军.赶超的阶梯:国企改革和产业升级的国际比较[M].北京:中信出版社,2019.

[85] 周军兴,林盛娜.中央企业负责人经营业绩考核探析[J].财会通讯(上),2011(11):23-24.

[86] BIRGER A. The tricky nature of state-owned enterprises: the impact of government

ownership[M]// TEVET E, SHIFFER V, GALNOOR I. Regulation in Israel. London: Palgrave Macmillan,2021:49-75.

[87] CHEN H Y, LI R, TILLMANN P. Pushing on a string: State-owned enterprises and monetary policy transmission in China[J]. China economic review, 2019,54:26-40.

[88] Chen C. Measuring the transplantation of English commercial law in a small jurisdiction: an empirical study of Singapore's insurance judgments between 1965 and 2012[J]. Texas international law journal, 2014,49(3):469-505.

[89] DICKINSON A. State immunity and state-owned enterprises[J]. Business law international,2009,10(2):125-127.

[90] FAN H CH, FANG ZH, HUANG B, et al. Prevalence of SOEs and intergenerational income persistence: evidence from China[J]. The world economy, 2021,45(1):276-291.

[91] KONG N, OSBERG L, ZHOU W N. The shattered "Iron Rice Bowl": intergenerational effects of Chinese state-owned enterprise reform[J]. Journal of health economics, 2019, 67:102220.

[92] Kurniawanto H. The effect board characteristics on enterprise risk management disclosures: evidence from state-owned enterprise in Indonesia[J]. Archives of business research, 2021,8(12):230-237.

[93] MILHAUPT C J, PARGENDLER M. Governance challenges of listed state-owned enterprises around the world: national experiences and a framework for reform[J]. Cornell international law journal,2017,50(3):473-542.

[94] PALCIC D, REEVES E. State-owned enterprise sector, 2019[J]. Administration, 2020,68(1):67-79.

[95] SIQUEIRA K, SANDLER T, CAULEY J. Common agency and state-owned enterprise reform[J]. China economic review,2009,20(2):208-217.